1. Auflage

Herstellung und Verlag:
BoD Books on Demand, Norderstedt

ISBN 9-783837070644

Politika 2000+

13 Punkte zur Schweizer Politik

von Marco Hirt

Die Schweizer Politik steht derzeit vor einigen schwierigen Herausforderungen – sowohl in der Aussen- wie auch in der Innenpolitik. Es scheint also gerade der richtige Zeitpunkt zu sein für eine Publikation zur politischen Situation und Zukunft der Schweiz (inmitten des grossen Problems).

Autor: Marco Hirt, geb. 4.3.1965. Publizist und Philosoph. Lebt in der Region Bern. Weitere Publikationen: "Postmoderne Ontologie" (2003).

Hirt Verlag + Publikation

INHALT

Vorwort

Bei der Arbeit an diesem Buch habe ich gemerkt, wie schwierig es ist, ein Buch über ein bestimmtes Land zu schreiben, v.a. wenn es das eigene Heimatland ist. Man muss dabei sehr gut aufpassen, die schönen und guten Seiten des Landes, ebenso wie die fragwürdigen und schlechten Seiten, nicht zu überziehen. Ich habe versucht, meine persönlichen und auch kritischen Erfahrungen so gut wie möglich von (m)einer neutralen Sichtweise zu trennen. Dies ist ein eher politisches als philosophisches Buch, gleichwohl spanne ich auch in diesem Buch einen Bogen zur Philosophie: mit einer kleinen Definition und Deklarierung meiner Philosophie. Im Frühjahr 2015 verspürte ich den Wunsch, meine philosophische Arbeit ein bisschen zu planen, und so habe ich denn auch für die Zukunft meines Werkes eine relativ exakte Planung vorgenommen. Geplant sind demnach, insgesamt fünf Bücher: drei grössere (philosophische) und – je dazwischen – zwei kleinere (andere) Publikationen (konkret: diese politische und ferner auch eine biographische Publikation). Dies hier ist – nach meinem ersten Buch "Postmoderne Ontologie" (2003) – nun also meine zweite (kleinere) Publikation, deren Thema die Schweizer Politik ist. Ein schwieriges, aber bedeutendes und notwendiges Thema zu dieser Zeit (zumal ich mich auch über fast fünf Jahre sehr intensiv mit diesem Thema beschäftigt habe). Diese Schrift wendet sich primär an ein Schweizer Publikum, wird in meinem Gesamtwerk aber auch bedeutend sein für die Darstellung meiner Auffassungen und Einschätzungen in Bereichen wie Politik, Wirtschaft, Kultur oder Medien sowie auch Ethik.

Nach der Publikation meines ersten Buches und einer anschliessenden – etwas speziellen – mystischen Phase geriet ich in eine kleinere Sackgasse mit meiner Philosophie. Daraus entstand gegen Ende des Jahres 2010 ein politisches Parteiprojekt, inkl. einem 13-Punkte-Programm zur Schweizer Politik (siehe: im dritten Kapitel), welches ich aber nach anderthalb Jahren schon wieder verworfen habe, sowie ein längerer Internettext zu den eidgenössischen Wahlen 2015 (siehe: im zweiten Kapitel). Ergänzend gegeben sind eine kurze Darstellung der Schweizer

Geschichte (siehe: im ersten Kapitel) sowie (wieder auf die philosophischen Themen zurückführend) ein kleiner Exkurs über die Intellektuellen (und Philosophen) in der Schweiz (siehe: im vierten Kapitel). Am Ende werde ich noch eine Definition und Deklarierung meiner Philosophie machen, inklusive einer Erörterung meiner ethischen Position (siehe: im fünften Kapitel). Insgesamt liefert das Buch v.a. einen Einblick in mein politisches Engagement (2010-2015) und in die politischen Gedanken, die ich mir in dieser Zeit machte.

Es besteht natürlich und grundsätzlich die Frage, ob ein Philosoph überhaupt etwas zur nationalen Politik veröffentlichen soll, oder ob ein Philosoph nicht eigentlich darüber stehen sollte, denn die Philosophie zielt ja eher auf die grösseren Themen und Bereiche (damit meine ich v.a. Fragen, welche über das aktuelle politische Tagesgeschäft hinausgehen). In der Schweiz hat die politische Äusserung von Intellektuellen und Philosophen aber sozusagen eine Tradition, jedenfalls kann man dazu sehr bedeutend etwa Ignaz Paul Vitalis Troxler erwähnen, welcher mit seiner Schrift "Die eine und wahre Eidgenossenschaft im Gegensatz zur Centralherrschaft und Kantonsthümelei, sowie zum neuen Zwitterbunde beider, nebst einem Verfassungsentwurf" (1833) einen bedeutenden Beitrag zur Begründung des Schweizer Bundesstaates lieferte! Die grossen Schweizer (Welt-) Schriftsteller des 20. Jahrhunderts zeigten sich ebenfalls sehr politisch, wobei nebst den (kritischen) Äusserungen von Frisch und Dürrenmatt etwa auch eine nationalistische Rede von Carl Spitteler (mit dem Titel: "Unser Schweizer Standpunkt", 1914) berühmt wurde. Als (sehr kritischer) politischer Schweizer Philosoph des 20. Jahrhunderts kann Hans Saner angeführt werden. Es ist also durchaus nichts Aussergewöhnliches, wenn sich Schriftsteller und sogar eben auch Philosophen sehr konkret zur Schweizer Politik äussern. Zudem ist die aktuelle politische Situation der Schweiz derzeit auch sehr speziell: die Schweiz ist aussen- wie innenpolitisch so stark herausgefordert, wie vermutlich überhaupt noch nie in der bisherigen Zeit ihres Bundesstaates (seit 1848). Dies wage ich zu behaupten, trotz immerhin zwei gut überstandenen Weltkriegen, einem (weiteren) Kalten Krieg in Europa und der Welt, einer grossen Weltwirtschaftskrise und einem blutigen Generalstreik mit revolutionärer Tendenz. Dies alles hat der Schweizer Bundesstaat bereits überstanden, aber die neuste Herausforderung ist immer die grösste – und vielleicht ist sie dies auch wirklich. Was ich nun zu dieser heutigen Zeit und den aktuellen Themen zu sagen habe, wird nachfolgend dargelegt.

1. Kapitel

Die Schweiz von gestern
Ihre Geschichte(n), ihre Vorstellungen, ihre Mythen

Es gibt Zeiten, in welchen die Geschichte eines Landes wichtiger ist, als in anderen Zeiten, und die heutige Zeit ist so eine Zeit – das zeigen auch die vielen geschichtlichen Publikationen heute. Die Schweiz von gestern ist ein Land der Geschichte(n) und der Vorstellung(en) – und (bis heute!) auch ein Land der Mythen. Sogar ein bedeutender Berg in der Urschweiz, im Kanton Schwyz, trägt diesen Namen: Mythen. Die Schweiz ist ein spezielles Land – darin ist man sich im Ausland wie im Inland einig. Manchmal wird sie deswegen sogar als Sonderfall in der Politik Europas und der Welt insgesamt betrachtet. Ziemlich alt ist sie, diese Schweiz von gestern, jedenfalls gibt es die Schweiz von gestern schon ziemlich lange – ganz so alt, ist sie nun aber auch wieder nicht, wurde das Schweizerland, wie wir heute sagen, doch erst im späteren Mittelalter begründet (genau: anno 1291 – und vorzeiten war dort, wo sich die alte Eidgenossenschaft später begründet hat, in der Urschweiz, ganz einfach nur sehr viel Wald, weswegen die Urschweizer Orte auch als Waldstätte bezeichnet werden). Die alten Eidgenossen scheinen ein urchiges und kauziges Völklein von Bergbauern und Sennen gewesen zu sein. Die Waldstätte der Urschweiz – Uri, Schwyz und Unterwalden – sind vermutlich im 7./8. Jahrhundert besiedelt worden; vorher kennt man im Gebiet der heutigen Schweiz etwa die Pfahlbauer, die Kelten (Helvetier), die Römer sowie die Germanen (Alemannen) – und vier der fünf grössten heutigen Schweizer Städte waren auch bereits römische Siedlungen: Basilea, Genava, Lousonna und Turicum, und auch in der Stadt Bern gibt es römische Spuren, obwohl die Schweizer Hauptstadt erst eigentlich 1191 von den alemannischen Zähringern gegründet wurde, die aus Freiburg im Breisgau kamen. Die Schweiz war und ist wohl immer – gestern, heute und (vermutlich auch) morgen – ein Land ohne Meerzugang, mit wenigen Rohstoffen und einer exponierten Lage mitten in Mitteleuropa – und doch auch wiederum einigermassen gut versteckt hinter den Bergen, dem Hauptmerkmal der Schweiz. Auch die Schweizer Bergwelt schuf und schafft ihre Mythen – vom Gotthard und vom Matterhorn, vom Heidi und von der Eigernordwand. In der Schweiz droht alles immer wieder zum Mythos zu werden – selbst gar in unserer aufgeklärten, (spät-) modernen Zeit (und manchmal ist es gar nicht so einfach, auch und gerade in der Politik über diese ganzen Mythen und deren Nebeldunst hinauszusehen). Ich möchte nun eine kurze Erörterung der Schweizer Geschichte in fünf verschiedenen Schritten unternehmen, mit den folgenden Abschnitten: 1. Gründung, 2. Reformation, 3. Napoleon, 4. Bundesstaat, 5. Demokratie.

1.1. Gründung und Mythen

Die ganze Geschichte der Schweiz ist speziell, und das beginnt schon bei der Gründung des Landes: kaum eine andere heutige Nation hat eine derart mythenreiche Frühgeschichte – vom Rütlischwur mit den drei Eidgenossen über Tell bis Winkelried. Der Vorteil davon besteht darin, dass man überhaupt eine Vorstellung hat von den ersten Anfängen und frühesten Gründen des heutigen Landes (was längst nicht in allen Ländern der Welt ebenso bedeutend der Fall ist [freilich kann dies umgekehrt auch zu einer falschen Klarheit verführen]). Die Freibriefe von Uri (1231), Schwyz (1249) und Unterwalden (erst 1309) waren der Beginn eines langen Unabhängigkeitsstrebens der alten Eidgenossen. Bedeutend zu dieser Zeit war auch die Öffnung des Verkehrs über den Gotthard. Die Eidgenossen – wie könnte es denn anders sein – hegten wohl auch künftige ökonomische Interessen bzw. diese führten vermutlich auch erst mit dazu, dass man überhaupt daran denken konnte, konsequent einen eigenständigen Weg zu gehen. Ohne die Gotthardverbindung zwischen Nord und Süd hätte es in Europa vermutlich nie ein Land namens Schweiz gegeben. Diese Verbindung war nicht nur in dieser frühen Zeit bedeutend, sondern auch in den späteren Zeiten. Nach dem Tod des mächtigen und den schweizerischen Talschaften freundlich gesinnten Rudolf von Habsburg, im Juli 1291, wurde – der legendären Urkunde des Bundesbriefs zufolge – im August desselben Jahres die Eidgenossenschaft der drei

Waldstätte begründet. Rudolf hatte den Schwyzern auch das Schweizerkreuz gegeben (die Innenstadt von Wien hat dieses Symbol noch heute, allerdings war es natürlich auch ein im Mittelalter viel verwendetes Ritterzeichen; offizielles Staatssymbol wurde es in der Schweiz aber erst 1815, erstmals im Kampf gesichtet als Zeichen der eidgenössischen Truppen aber schon 1339 – im Laupenkrieg). In der frühen Schweiz gab es drei Grundzeichen: des Stiers (Uri), des Kreuzes (Schwyz) und des Schlüssels (Unterwalden). Im Zentrum scheint ursprünglich der Ort Uri gewesen zu sein, denn die Rütliwiese liegt auf Urner Gebiet (die Gebiete der Schweiz werden früher als Orte, später als Stände und heute als Kantone bezeichnet). Vermutlich durch die zunehmende Verbindung mit Zürich scheint das politische Zentrum dann aber auf Schwyz übergegangen zu sein, denn dessen Fahne wurde in den Schlachten von den Schweizern verwendet (und der Name dieses Ortes ging ja letztlich sogar auch auf den Namen der Schweizer Nation über). In Unterwalden liegt interessanterweise dagegen der geografische Mittelpunkt der heutigen Schweiz (seit 1815 – seit dem Wiener Kongress in jenem Jahr, also mittlerweilen seit genau 200 Jahren – gab es nämlich keine Gebietsveränderungen mehr in der Schweiz, und dies über zwei schlimme Weltkriege im 20. Jahrhundert hinweg: dies ist sicher ein wesentlicher Grund für die Stabilität und Konservativität der heutigen Schweiz]). Nach dem ersten grossen historischen Datum der Gründung 1291 folgten die grossen und siegreichen Verteidigungsschlachten gegen die Habsburger, die ihre Interessen in der Region verteidigen wollten: 1315 bei Morgarten und 1386 bei Sempach; dazu kommen die Mythen von Tell, dem Tyrannenbefreier (und/oder -mörder) sowie Winkelried, dem grossen Schlachthelden.

Ob all diese alten Mythen der reinen Wahrheit entsprechen, das können wir heute kaum noch richtig nachvollziehen, es gibt immer mehr Historiker, die einiges davon in Zweifel ziehen, aber klar ist jedenfalls, dass diese Mythen eben irgendwie zur mythenreichen Schweizer Geschichte gehören (was wohl niemand bezweifeln wird). Fast ein Mythos sind heute auch bereits die alten Landsgemeinden sowie die Tagsatzung (als erste, wenn auch, in heutigen politischen Verhältnissen betrachtet, relativ lockere Landesregierung) – dies waren die beiden Hauptregierungselemente der alten Eidgenossenschaft. Die Landsgemeinde wird manchmal als die erste modernere Form von Demokratie betrachtet, auch wenn es etwa bei den Wikingern noch früher schon Volksversammlungen gegeben haben soll: allerdings muss man auch sagen, dass es die Landsgemeinde in jener Zeit nur in einigen wenigen Kantonen gab, während die anderen Gebiete wenig demokratisch bis teils sogar feudalistisch regiert waren (und auch die teils bis heute noch abgehaltenen Landsgemeinden selber haben eigentlich einen eher feudalistisch anmutenden Auftritt, ferner sind auch die Abstimmungen nicht geheim, sondern offen, was in einer heutigen Demokratie vielleicht als problematisch eingeschätzt werden könnte [man kann sich natürlich auch darüber streiten, ob das wahre Vorbild eher eine offene oder geheime Demokratie sein sollte – es kommt immer auch auf die genauen Umstände von politischen Strukturen an, so sprach auch etwa der französische Demokratietheoretiker Tocqueville von einer Mehrheitstyrannei, und gerade solches sollte sich in einer gut funktionierenden und organisierten Demokratie ja nicht unbedingt begründen, ebenso wenig wie eine Ochlokratie, also: eine Pöbelherrschaft, wie die alten Griechen zu einer anderen Unform der Demokratie sagten]). Sicher ist nur, dass die Landsgemeinden zu den bemerkenswerten Früherscheinungen von Demokratie gehören (und dass die Demokratie die beste aller bisher je ausprobierten Regierungsformen ist, was nicht ein Schweizer gesagt hat, sondern der Brite Winston Churchill nach dem Zweiten Weltkrieg, und dies – jedenfalls hat man sich das damals so vorgestellt – vor einer grossen Friedenszeit). Zusammengefasst erzählt uns diese erste Phase der Eidgenossenschaft also v.a. von deren Gründung und von den alten Verteidigungsschlachten.

Neue Orte/Kantone in dieser Zeitperiode: Uri (1291), Schwyz (1291), Unterwalden (heute: Ob- und Nidwalden, 1291 [getrennt seit 14./15. Jh.]), Luzern (1332), Zürich (1351), Glarus (1352), Zug (1352), Bern (1353).

1.2. Reformation und Religionskriege

Die Eidgenossenschaft konnte sich in der Folge friedlich (mit dem Zuzug weiterer Orte) wie auch kriegerisch (durch weitere Schlachterfolge, z.B. mit der Eroberung des Aargaus 1415, dem alten Stammland der Habsburger, sowie des Thurgaus 1460) ausdehnen, bis die Eidgenossen zur Zeit ihrer grössten Ausdehnung und nach einer dreijährigen Vorherrschaft über Mailand 1515 eine grosse und entscheidende Schlacht bei Marignano gegen die Franzosen verloren. Dieses Ereignis gilt als das Ende der Schweizer Eroberungspolitik der frühen Zeit sowie de facto als der Anfang der Schweizer Neutralitätspolitik. Die Schweiz revidierte hier also grundlegend ihre aussenpolitische Vorstellung von sich selber. Neben der militärischen Niederlage war aber auch die aufkommende Reformation ein bedeutender Grund für diese Neuorientierung bzw. die schwierigen relgiösen Auseinandersetzungen in der Schweiz. 1505 fragte Papst Julius II. die Tagsatzung an, ob sie ihm eine Schweizer Garde gewähren wolle: im folgenden Jahr war diese bereits im Einsatz. Und 1522 scheiterte der Fürstbischof von Sitten, Matthäus Schiner, nur sehr knapp bei der Papstwahl in Rom (so nahe war sonst nie ein Schweizer am Papststuhl)! Nur drei Jahre später schrieb Huldrych Zwingli 1525 sein evangelisches Glaubensbekenntnis, was als eines der wichtigsten Daten in der Schweizer Reformation betrachtet werden kann. Die Glaubensdifferenzen zwischen den katholischen und den reformierten Orten führten zu harten Auseinandersetzungen (welche letztlich bis zum Sonderbundskrieg 1847 andauern sollten!). Eine gemeinsame Aussenpolitik war in dieser Zeit in der Eidgenossenschaft kaum mehr möglich, und daher war es wohl auch vernünftig, sich gegen aussen möglichst neutral zu verhalten. Das machte die Eidgenossenschaft auch weitgehend. Eine andere Sache sind die Schutzbünde der katholischen Orte: Verbände derselben schlossen 1529 ein Bündnis mit Österreich, 1565 mit dem Papst und 1587 mit Spanien (aber dies eben nicht im Namen der ganzen Eidgenossenschaft, sondern: eines Sonderbundes). Die Reformation gewann in der Schweiz zwar rasch an Boden, jedoch erhielt sich demgegenüber eben auch eine starke Gruppe von katholischen Orten, was im Konfessionsstreit lange zu einem Patt führte – und zu verschiedenen Bürgerkriegen (nachdem schon der Alte Zürichkrieg 1440-1450 die eidgenössischen Orte im Krieg gegeneinander aufgebracht hatte [zur langen Zeit der Reisläuferei bekämpften sich Eidgenossen teils auch in ausländischen Kriegen]). Der militärische Aspekt der frühen Eidgenossenschaft lässt sich am Besten wohl aufgrund der anfänglichen

Bedrängnis durch die Habsburger erklären, dagegen versöhnten sich die Eidgenossen aber auch immer wieder mit ihren Kriegsgegner, was jeweils eine ewige Richtung genannt wurde: so 1474 mit Österreich oder 1516 mit Frankreich. Es wäre sicher falsch zu sagen, die alten Eidgenossen seien grundsätzlich ein kriegerisches Volk gewesen (und dass die Schweizer bekannt waren für ausländische Kriegsdienste würde ich auch damit erklären, dass die wirtschaftlichen Verhältnisse in der Schweiz zu jener Zeit nicht die Besten waren, so dass sich auch eben relativ viele Schweizer veranlasst sahen, in fremde Dienste zu treten – vielleicht galten die Schweizer zu jener Zeit in Europa als besonders urchige und zähe Naturburschen [bekannt ist dagegen aber auch, dass sie als besonders heimwehleidig galten, was sich etwa darin zeigte, dass sie in der Ferne besonders gerne ihre heimatlichen Lieder sangen]).

Während die katholischen Orte innerhalb der Eidgenossenschaft ein Grüppchen für sich bildeten, sahen sich auch andere Gebiete für eher eigenständig, vorab die Republik Bern, welche langezeit als bedeutendster Stadtstaat nördlich der Alpen galt. Es war also möglich, ein Mitglied der Eidgenossenschaft und gleichzeitig aber auch ein eigener und selbstständiger Staat zu sein. Solche Verhältnisse würden wir im heutigen (staats-) politischen Verständnis vermutlich als ein bisschen anarchistisch bezeichnen, aber so verhielt sich das damals. Und auch im übrigen Europa gab es natürlich noch nicht die klaren Nationalstaaten, wie wir sie heute kennen, sondern in weiten Teilen auch relativ unstabile Fürstentümer (etwa in Deutschland oder Italien), von denen viele untergegangen sind, während sich die Eidgenossenschaft bis heute erhalten hat. Das 'anarchistische Element' gilt auch nur auf der Staatsebene, nicht auf der Kantons- bzw. Standesebene oder auf der Gemeindsebene, denn hier war die Schweiz, je nach Region, teils bereits verhältnismässig gut organisiert. Die Religionsstreitigkeiten aber gehörten zu den schlimmeren innerhalb Europas (vielleicht auch oder v.a. deshalb, weil hier beide Gruppen ähnlich bedeutend waren, und es auch bis heute sind, während in den meisten anderen Ländern die Katholiken oder die Reformierten relativ rasch und klar die Oberhand gewannen [oder sich sogar ein dritter Weg konstituierte wie in England mit der Anglikanischen Kirche]). Nach einem Bürgerkrieg kam jeweils auch wieder die grosse Versöhnung: so ein erstes Mal 1529 bei der legendären (oder mythischen) Kappeler Milchsuppe, welche bis heute als grosses friedensstiftendes Symbol in der Schweizer Innenpolitik gilt (auch wenn dieser Frieden letztlich nicht allzu lange hielt). Diese innenpolitischen Auseinandersetzungen und Bürgerkriege waren sicher eben auch mit dafür verantwortlich, dass die Eidgenossen nun vorerst einmal viel mehr zu tun hatten mit ihrer Innenpolitik als mit der Aussenpolitik. Vielleicht konnten die Eidgenossen gerade deswegen im 17. Jahrhundert ihren grössten aussenpolitischen Erfolg feiern: 1648 (erst!) gelang es nämlich der Schweiz während des Westfälischen Friedens ihre tatsächliche und verbriefte Unabhängigkeit zu erreichen (vorher wurde die Selbstverwaltung der Eidgenossenschaft zwar geduldet, bildete aber eigentlich noch gar kein offiziell anerkanntes eigenständiges politisches Gebiet [dieser frühe, etwas lockere staatspolitische Zustand mag dazu geführt haben, dass die eigentliche Verstaatlichung der Schweiz auch nach dieser offiziellen Unabhängigkeit weiterhin etwas zäh vor sich ging]). Während die erste Zeitperiode (etwa von 1291 bis 1515) also ein selbstbewusstes bis -herrliches Auftreten gegen aussen brachte, ging es in der zweiten Zeitperiode (etwa von 1515 bis 1798) um die innere Auseinandersetzung und Festigung (die letztlich nur halbwegs gelungen ist, aber immerhin so weit ging, dass das Schweizerland über alle Turbulenzen hinweg bestehen blieb).

Neue Orte/Kantone in dieser Zeitperiode: Freiburg (1481), Solothurn (1481), Basel (heute: Basel-Stadt und Basel-Landschaft, 1501 [getrennt seit 1833]), Schaffhausen (1501), Appenzell (heute: Appenzell-Ausserrhoden und -Innerrhoden, 1513 [getrennt seit 1597]).

1.3. Napoleon und die ersten Staatsgründungsversuche

Ein gewaltiges Ereignis in der europäischen Politik sollte die vorangegangene Zeitperiode der inneren Zerwürfnisse in der Schweiz beenden (oder zumindest einmal unterbrechen). Dieses Ereignis hatte einen Namen, es hiess: Bonaparte (so unterzeichnete Napoleon jeweils seine Korrespondenz). Im 18. Jahrhundert fand in einer bis dahin eher ärmlichen Schweiz ein erstes grosses Wirtschaftswunder statt – zur Zeit der Weber, Sticker und Färber, also: der Textilindustrie. In einem interessanten Buch über die wirtschaftliche Entwicklung der Schweiz steht dies geschrieben: "Ende des 18. Jahrhunderts war nach Meinung der Zeitgenossen die Schweiz das am Meisten industrialisierte Land des europäischen Festlandes, was heisst, dass sie weltweit nach England den zweiten Rang belegte." [Lorenz Stucki: "Das heimliche Imperium – wie die Schweiz reich wurde", 1968]. Häufig waren es Bauersleute im Nebenverdienst, welche dieses Wirtschaftswunder möglich machten: bis ins 19. Jahrhundert hinein arbeiteten noch über 80% der Schweizer in der Landwirtschaft (heute sind es noch rund 3%); im 19./20. Jahrhundert fand eine grosse Umwälzung von der früheren Landwirtschafts- zu einer Industrie- und schliesslich Dienstleistungsgesellschaft statt. Wichtig war aber schon früh auch ein gutes Netz von Schweizer Händlern in der ganzen Welt. Die frühere Reisläufernation war zu einer Händlernation geworden (zumindest, was die Tätigkeiten im Ausland betraf, und zuweilen waren es sogar Reisläufer selber, die sich im Ausland niedergelassen hatten und sich nach dem jeweiligen Krieg als Händler betätigten). Mit dem Wirtschaftswunder war noch lange nicht die heutige breit abgestützte Wohlstandsgesellschaft erreicht – diese ergab sich durch einen verbesserten sozialen Ausgleich erst im Verlauf des 20. Jahrhunderts. Der wirtschaftliche Aufschwung in jener Zeit führte zu einer noch grösseren Vernachlässigung der Politik: um die Jahrhundertwende vom 18. ins 19. Jahrhundert, zur Zeit des grossen Napoleon Bonaparte, befanden sich gleich drei fremde Armeen in der hilf- und verteidigungslosen Schweiz: die Franzosen, die Österreicher und die Russen. Für die Schweiz war jene Zeit vermutlich chaotischer als beide Weltkriege zusammengenommen. Die ganzen Wirren der französischen Revolution hatten voll auf ein Land eingewirkt, welches damals noch relativ schwache nationale Strukturen hatte (und es daher viel stärker direkt betrafen, als dies in vielen anderen europäischen Ländern der Fall war [dies war ein Nachteil in jener Zeit, ein Vorteil aber in der späteren und heutigen Zeit]). Es war schliesslich der französische Kaiser, welcher die Herrschaft in der Schweiz übernahm und die Schweiz auf den Weg zu einem Bundesstaat führte (vorherige Bundesprojekte waren 1554/55, 1655 und 1776 gescheitert). Die französische Revolution und Napoleon im Besonderen wirkten in dieser Zeit verfassungsbildend (es war die Zeit der Helvetik 1798-1803 sowie der Mediation 1803-1813, und es war also die Zeit der ersten Versuche einer eigentlichen Staatsgründung [von einem modernen, bürgerlichen Nationalstaat, wie er Napoleon vorschwebte, und wie er sich in Europa auch nach und nach etablieren sollte – noch aber waren die meisten anderen europäischen Länder relativ weit davon entfernt]). Nach dem Ende Napoleons wurde der Schweiz beim Wiener Kongress 1815 von den europäischen Grossmächten eine immerwährende Neutralität zugesprochen – teils war dies im schweizerischen, teils aber auch im europäischen Interesse (aus Gründen der Friedenssicherung zwischen den europäischen Grossmächten war eine gewisse bzw. neutrale Pufferzone gerade hochwillkommen). In dieser dritten Zeitperiode war die Schweiz also sogar einer faktischen Fremdherrschaft ausgesetzt (1803-1813), wovon in der Schweizer Geschichte meist nicht so deutlich die Rede ist, aber die Mediation von Napoleon in der Schweiz kann man nicht anders verstehen, auch wenn diese Fremdherrschaft von Paris aus an der langen Leine geführt wurde und der Kaiser durchaus willig war, die Eigenheiten der Schweiz mitzuberücksichtigen. Napoleon deckte letztlich eine zu lasche, unkompetent und unzeitgemäss gewordene Politik der alten Eidgenossenschaft auf. Die umgebenden Nationen und Heere waren zu stark geworden für eine (nach uraltem Muster) tagsatzungsmässig organisierte Schweiz.

Neue Orte/Kantone in dieser Zeitperiode: Aargau (1803), Graubünden (1803), St. Gallen (1803), Tessin (1803), Thurgau (1803), Waadt (1803), Genf (1815), Neuenburg (1815), Wallis (1815).

1.4. Bundesstaat in der viersprachigen modernen Schweiz

Die Schweiz ging zwar gestärkt aus dem Wiener Kongress hervor, im selben Jahr fiel aber die landwirtschaftliche Ernte aus (aufgrund eines Vulkanausbruchs in Indonesien, welcher hierzulande zu einer Erkaltung des Klimas führte), so dass in der Schweiz 1816/17 eine schlimme Hungersnot zu verzeichnen war. Zar Alexander I. von Russland spendete 100'000 Rubel zur Überbrückung dieser Situation. Eine interessante Anekdote, welche zeigt, wie unstabil die ökonomische Situation in der Schweiz in jener Zeit noch immer war. Innenpolitisch wollte die (katholische und aristokratische) Reaktion nach dem Ende Napoleons alte Zustände wieder herstellen – dieses Unterfangen endete im Sonderbundskrieg 1847, dem (bis dato) letzten Religions- und Bürgerkrieg in der Schweiz. Der reformierte Freisinn liess sich aber die Früchte der französischen (Bürger-) Revolution nicht mehr nehmen und setzte sich in diesem Krieg gegen die Katholisch-Konservativen durch: so entstand der Bundesstaat 1848 – mit sieben freisinnigen Bundesräten in der Exekutivregierung (der schweizerische Bundesstaat war einerseits inspiriert von der Französischen Revolution – aus jener Zeit stammt auch die Idee einer mehrköpfigen Regierung, vgl. Direktorium – und andererseits von der US-Verfassung). In der föderalistischen Tradition wurde der Ausgleich zwischen den Kantonen gesucht, während die Katholisch-Konservativen als Sonderbundskriegsverlierer nicht in die Regierung miteinbezogen wurden. Die eigentliche Staatsgründung mit der entsprechenden Bundesverfassung, welche noch von der alten Tagsatzung ausgearbeitet wurde, ging eigentlich erst nach einem erheblichen Druck aus dem Ausland über die Bühne, welches nicht länger eine verfassungslose Schweiz haben wollte. Nun gab es in der Schweiz zwar eine Bundesverfassung, aber die übrige Gesetzgebung blieb vorerst weitgehend auf der Kantonsebene (das Obligationenrecht OR kam 1881 dazu, das Schweizerische Zivilgesetzbuch ZGB 1912 – auch ein direktdemokratischer Staat hat natürlich nicht ein direktdemokratisches Recht per se, sondern: das Recht wird zuerst einmal vorgegeben, und kann später, in mühsamen direktdemokratischen Prozessen abgeändert werden). Im frühen 19. Jahrhundert hat sich die Schweiz ganz wesentlich verändert. In der Zeit von Napoleon und dem Wiener Kongress waren die verschiedenen französischsprachigen Kantone und der italienischsprachige Kanton des Tessins ebenso zur Eidgenossenschaft gestossen, wie der teils rätoromanischsprachige Kanton des Graubündens (dies alles innert nur zwölf Jahren!, allerdings standen die meisten dieser Gebiete vorher schon in einer engen Beziehung zur Eidgenossenschaft [sei es als Untertanengebiete oder als sogenannte zugewandte Orte]). Die moderne viersprachige Schweiz war geboren, und die Schweiz prosperierte neuerlich. Der Freisinn um den grossen Wirtschaftskapitän Alfred Escher wurde aber vielen zu mächtig, so dass die Zeitperiode der (demokratischen und sozialpolitischen) Reformen im Schweizer Bundesstaat anbrach.

Kein neuer Ort/Kanton in dieser Zeitperiode.

1.5. Demokratische und sozialpolitische Reformen

Auf die anfängliche freisinnige Dominanz folgte im Schweizer Bundesstaat zuerst die demokratische Bewegung, welche die Direkte Demokratie begründete, und hernach die sozialdemokratische Bewegung. Die Schweiz hat also sozusagen innert kürzester Zeit drei kleine 'Revolutionen' erlebt: eine bürgerliche, eine demokratische und (halbwegs auch) eine sozialdemokratische! Eine (direkt-) demokratische Bewegung, welche in den Kantonen begann, erreichte 1874 die Einführung des obligatorischen Referendums, und 1891 wurde sogar die Volksinitiative eingeführt. Das Vetorecht, welches zum obligatorischen Referendum (für die Änderung von bestimmten Gesetzen sowie den Beitritt der Schweiz zu supranationalen Organisationen) führte, entstand zuerst in den Kantonen St. Gallen (1831), Basel-Land (1832) und Luzern (1841); die Initiative – in einzelnen Landsgemeindekantonen sogar als Einzelinitiative von Einzelpersonen – in Appenzell-Innerrhoden (1829), Glarus (1836) und Zürich (1869). Wir bewundern heute den Mut der Begründer der Direkten Demokratie, welche auf Staatsebene bis heute einmalig ist und in dieser Form als ein fast unerklärlich erscheinendes Einzelereignis zu sehen ist (zu jener Zeit schon – und bis dato hat kein anderer Staat der Welt diese Regierungsform übernommen). Ein ausgeklügeltes politisches Vernehmlassungsverfahren zwischen den verschiedenen Kantonen, Parteien, Institutionen, Organisationen, Kräften und Mächten wurde ebenfalls nach und nach zu einem bedeutenden Symbol dieses modernen Schweizer Bundesstaates; und schliesslich auch ein klar gehaltenes Parteiensystem: die modernen Parteien konstituierten sich zwischen 1888-1894 (SPS, FDP, CVP – die erste moderne Partei war die sich damals im Aufschwung befindende Sozialdemokratische Partei SPS [ab 1919 wurde in der Nationalratswahl umgestellt vom Majorz- zum Proporzverfahren, was den Einbruch der freisinnigen Übermacht bedeutete und den Durchbruch der Sozial-

demokraten brachte, aber auch die Anfänge der Bauernpartei
bzw. der Bauern-, Gewerbe- und Bürgerpartei BGB, heute:
Schweizerische Volkspartei SVP]). Der anfangs siebenköpfige
freisinnige Bundesrat wurde erweitert durch zwei Vertreter der
Katholisch-Konservativen (1882 und 1920), einen Vertreter der
BGB (1930) sowie zwei Vertreter der SPS (1944 und 1960 – dies
war der Anfang der sogenannten Zauberformel zur Zusammensetzung des Bundesrates). Es kam nun immer stärker auf die gut
organisierte Parteipolitik an. Im 19. Jahrhundert erreichte die
sozialdemokratische Bewegung – angefangen beim legendären
Landesstreik 1918 – die Einführung von Sozialversicherungen,
und also die Errichtung eines modernen Sozialstaates (u.a. mit
der Alters- und Hinterlassenenversicherung AHV, in Kraft
getreten 1948, sowie auch verschiedenen Emanzipierungsbewe-
gungen, z.B. sehr bedeutend mit der [europäisch betrachtet aber
sehr späten!] Einführung des Frauenstimmrechts 1971). Die
Schweiz blieb in beiden Weltkriegen im 20. Jahrhundert nahezu
unangetastet (es gab eigentlich nur ein paar verirrte Bomben der
US-Amerikaner, aber viel psychologischen Stress und Unsicher-
heit natürlich auch).

Die Schweiz blieb im Zweiten Weltkrieg zwar nicht unbelastet,
jedoch ist ihre damalige schwierige Lage zwischen Mussolini-
Italien und Hitler-Deutschland vielleicht verständlich. Sie hat
ihre Vergangenheit zwar allgemein eher schlecht aufgearbeitet,
aber sie in der goldenen Zeit des späteren 20. Jahrhunderts wenigstens gut weggearbeitet (quasi). Die heutige Schweiz gilt als
eines der reichsten und bestorganisiertesten Länder der Welt.
Die Wirtschaftsklischees von Schokolade, Uhren und Käse sind
veraltet: heute hat die Schweiz grosse international tätige Banken, welche derzeit (nach der grossen Finanz- und Bankenkrise)
etwas redimensioniert werden, sowie: bedeutende Versicherun-
gen, das grösste Nahrungsmittelunternehmen der Welt, weltbe-
deutende Pharmaunternehmen und (neustens) verschiedene
ebenfalls global tätige Rohstoffhandelsfirmen – ein weiterer bedeutender neuer Zweig ist etwa die Medizinaltechnik. Der grosse Erfolg der Banken, so scheint es, war der Auftakt zu einer
grossen Wirtschaftsleistung eines kleinen Landes: die Stunde
der Schweiz schlug sozusagen erst nach dem europäischen Ko-
lonialismus und Imperialismus (zwar war sie mit einzelnen Pri-

vatleuten an diesem auch beteiligt, nicht aber als Nation). Heute
ist die Schweiz ein internationales Vorbild in der Politik wie in
der Wirtschaft. Wie bedeutend das 20. Jahrhundert in der
Schweiz tatsächlich und wirklich war, zeigt sich u.a. daran, dass
zwei der weltweit wichtigsten Erfindungen desselben in der
Schweiz gemacht wurden: 1905 die (Spezielle) Relativitätstheorie von Albert Einstein in Bern und 1989-1991 das World
Wide Web von Tim Berners-Lee in Genf (was für Erinnerungen!,
oder auch: dass die Schweiz als besondere Anerkennung gleich
nach beiden Weltkriegen ihre beiden bisherigen Nobelpreise in
der Literatur bekommen hat [Spitteler 1919 und Hesse 1946 –
während die grossen Weltschriftsteller Frisch und Dürrenmatt
etwas später vermutlich gerade deswegen diese grösste literari-
sche Ehre je nicht erhielten: weil man nicht zuviele Schweizer in
einem Jahrhundert auszeichnen konnte und/oder wollte]). Die
Schweiz schuf sich auch einen guten Ruf für ihre internationale
Diplomatie. Nach dem Ersten Weltkrieg wurde 1920 in Genf
sogar der Völkerbund angesiedelt (während sich die UNO 1945
in New York niederliess, Genf aber ein wichtiger Nebenschau-
platz auch der UNO blieb); zu erwähnen sind ferner bedeutende
internationale Friedenskonferenzen, etwa in Lausanne (1912/13
und 1922/23), Locarno (1925) oder Genf (1955) – am Bedeutendsten war aber jene von 1985, in welcher Reagan und Gorbatschow in Genf wichtige Gespräche über das Ende des Kalten
Krieges führten. Die Schweiz war im 20. Jahrhundert ein bedeutendes Land, viel bedeutender eigentlich als je zuvor, und doch
hat sie heute auch einigermassen bedeutende politische Probleme (davon wird anschliessend die Rede sein).

Neuer Ort/Kanton in dieser Zeitperiode: Jura (1979 – als Abspaltung
vom Kanton Bern). Das österreichische Vorarlberg wurde 1919 vom
Bundesrat als neuer Kanton abgelehnt (die Vorarlberger hatten sich
zuvor in einer Volksabstimmung mit über 80%-Jastimmen für einen Beitritt zur Eidgenossenschaft entschieden! – der offizielle Grund für die
Ablehnung war die sprachliche und konfessionelle Ausgewogenheit in
der Schweiz).

1.6. Und schliesslich: die jüngste Vergangenheit

Dies ist ein Blick zurück in der Geschichte eines kleinen Landes mit einer grossen Politik – und zunehmenden Schwierigkeiten. In der letzten Zeitperiode, etwa von den frühen 1990-er Jahren bis heute vermischt sich die Schweiz von gestern mit jener von heute. Diese Phase ist geprägt von einer übermässig scharfen Rechts-/Links-Polarisierung in der Schweizer Politik. Um diese Entwicklung zu verstehen, muss man noch etwas weiter zurückgehen: bis zu den ersten Jugendunruhen in den späteren 1960-er Jahren (1968), der bürgerlichen Reaktion darauf sowie der beinahe vom Volk angenommenen fremdenfeindlichen Schwarzenbach-Initiative der Rechten (1970 – kurz später erfolgte 1971 die Gründung der Schweizerischen Volkspartei SVP, in einer Fusion aus der alten Bauern-, Gewerbe- und Bürgerpartei BGB sowie Restposten der aufgelösten Demokratischen Partei). Es folgten weitere Jugendunruhen in den früheren 1980-er Jahren (1980-1982) und die Gründung zweier ausserparteilicher Organisationen mit extremer Ausrichtung: der linken Gruppe für eine Schweiz ohne Armee GSoA (1982) sowie der rechten Aktion für eine unabhängige und neutrale Schweiz AUNS (1986). Diese beiden Organisationen sehe ich fast idealtypisch als Ausdruck der zunehmenden Polarisierung in der Schweizer Politik. In diesen Organisationen spiegelten sich nicht mehr die einzelnen Parteien, sondern: die grossen Blöcke (wenn auch je am Rande angesiedelt bzw. aufgefasst). 1989 wurde in der sogenannten Fichenaffäre eine grosse Fichierungstätigkeit der schweizerischen Bundespolizei aufgedeckt, welche fast an die Verhältnisse in der Deutschen Demokratischen Republik DDR erinnerte. Das war v.a. natürlich für die betroffene linke Seite ein grosser Schock – und ein erstes grosses Zeichen dafür, dass nichts mehr in der Schweiz so war, wie es einst in der guten alten Zeit der Erinnerung oder der Vorstellung gewesen ist. In den Jahren 1990 (Dürrenmatt) und 1991 (Frisch) war ein kulturbedeutendes Dichtersterben zu bemerken, just zwischen der Fichenaffäre 1989 und der 700-Jahre-Bundesfeier 1991. Eine bewegte Zeit! Im Jahr 1992 trat Herr Blocher, der aufstrebende langjährige Meinungsführer der SVP, in der Schweizer Politik erstmals gross ins Szene: er sollte die Schweizer Politik der kommenden Jahre massgeblich beeinflussen. Der Hintergrund für Blochers Auftritt war einerseits das Verhältnis zwischen der EU und der Schweiz – ein Beitritt zum Europäischen Wirtschaftsraum EWR wurde 1992 knapp verworfen – andererseits der Machtwechsel innerhalb der SVP: vom Berner zum Zürcher Flügel der Partei. 1993 startete die Politsendung "Arena" im Schweizer Fernsehen, welche in den folgenden Jahren (bis heute) viele mehr oder weniger polemische Diskussionen zur Schweizer Politik bringen sollte. 1995 wurde das (bedeutendste) Weissbuch jener Zeit der Schweizer Wirtschaft herausgegeben, welches, von 19 bedeutenden Wirtschaftsführern geschrieben, mit radikalen neoliberalistischen Thesen zur Schweizer Sozialpolitik zu einem politischen Eklat führte (der Titel lautete: "Mut zum Aufbruch" – vom damaligen Präsident der Sozialdemokraten, Herrn Bodenmann, in einem legendären Arena-Auftritt als 'Mut zum Abbruch vom Sozialen' beschrieben); es war (nach 1991) das zweite grosse Weissbuch der Schweizer Wirtschaft, in welchem bedeutende Schweizer Unternehmer zeigten, dass sie von einer Sozialen Marktwirtschaft in der Schweiz eigentlich so gut wie gar nichts halten.

Im Jahr 1998 erfolgte die grosse Bankenfusion zur Union de Banques Suisse UBS – diese gilt als Zeichen eines aufkommenden Gigantismus in der Schweizer Wirtschaft. Die Banken blieben jedoch auch in den frühen 2000-er Jahren der starke Rückhalt einer stabilen und sicheren Schweizer Wirtschaft. Im Jahr 2000 feierte man wie überall in der Welt den Übertritt vom zweiten ins dritte Jahrtausend nach Christi Geburt. Für manche ein mystisches und esoterisches Ereignis, für andere nur etwas Gewöhnliches, worum allzu viel Lärm gemacht wurde. Das Jahr 2001 ist – nebst seiner Weltbedeutung – (auch) als grosses Katastrophenjahr in die Schweizer Geschichte eingegangen. 2003 wurde Herr Blocher nach langem Ringen seiner Partei in den Bundesrat gewählt, doch die Regierung mit ihm funktionierte nicht, so dass das gleiche Parlament, welches ihn vier Jahre zuvor gewählt hatte, ihn 2007 wieder aus dem Bundesrat abwählte. Stattdessen wurde die bis dahin weitgehend unbekannte Bündner Regierungsrätin Evelyne Widmer-Schlumpf, immerhin aber die Tochter eines früheren Bundesrates, für die SVP in das höchste Gremium des Landes gewählt. Die Partei goutierte dies nicht und schloss die gesamte Bündner Sektion aus der Partei aus. Um Frau Widmer-Schlumpf herum wurde eine neue Partei, die Bürgerlich-Demokratische Partei BDP, gegründet, und trotz heftigem Widerstand von Seiten der SVP wurde sie in der Bundesratswahl 2011 vom Parlament in ihrem Amt bestätigt. Vor den eidgenössischen Wahlen 2015 versagte die Christlich-demokratische Volkspartei CVP ihr jedoch die weitere Unterstützung, so dass sie nach dem vorauszusehenden Rechtsrutsch in diesen Wahlen dann zurücktrat und der Weg frei war für einen zweiten SVP-Bundesrat (welchen die Partei auch akzeptieren kann). Damit – könnte man meinen – ist ein langjähriger Streit um eine adäquate Vertretung der SVP im Bundesrat zu Ende gegangen. Der Bundeshausfraktionspräsident der Sozialdemokraten warnte aber noch während der Bundesratswahl davor, zu meinen, die SVP würde sich dadurch nun konzilianter verhalten, sondern, meinte er: sie würde genau gleich (polemisch) weiter politisieren, wie sie das in den letzten Jahren getan hatte. Die letzten drei Wahlkämpfe (2007, 2011 und 2015) sind v.a. von der SVP teils in sehr aufwühlender Art und Weise geführt worden. Soviel zur jüngsten Vergangenheit. Die allerjüngste Vergangenheit besteht in den eidgenössischen Wahlen 2015, dem Thema des folgenden Kapitels, und dem Thema auch, mit welchem ich mein persönliches politisches Engagement abschliesse.

2. Kapitel

Die Schweiz von heute
In einer Sackgasse

Die Schweiz von heute befindet sich – meiner Meinung nach – in einer bedeutenden Sackgasse, d.h. es scheint allgemein etwas anzustossen derzeit, und man weiss in vielen (und immer mehr) Fragen nicht mehr so genau, wie es weitergehen soll. Das ist auch der Grund, warum ich politisch aktiv geworden bin. Die Schweizer Politik ist auch unberechenbarer geworden. Das ist jedenfalls der Eindruck, den ich von der Schweizer Politik derzeit habe. Die wichtigsten Fragen werden teils offen gelassen oder nur noch scheingelöst und -behandelt, und man hofft, dass das irgendwie aufgehen wird – dabei werden die politischen Probleme (in einer immer noch hervorragend funktionierenden Wirtschaft, notabene) immer offenkundiger – allen voran natürlich das Verhältnis mit der EU und der Umgang mit der Migration, aber auch wirtschafltiche Fragen werden bedeutender: jüngst standen die Banken stark unter Druck, in der grossen Bankenkrise, in welcher sie zusammenzukrachen drohten (was sich vermutlich etwa so anfühlte, wie die Angst der Kelten davor, dass ihnen der Himmel auf den Kopf fallen könnte), und derzeit ist von einer Deindustrialisierungsgefahr (aufgrund der aktuellen Frankenstärke) die Rede. Wahre politische und ökonomische Stabilität sieht anders aus. Auch wenn die Schweiz eigentlich noch immer leicht reden kann, im Schatten der grossen Welt- und Europapolitik, finde ich, dass man zu dieser Zeit zur Schweizer Politik Stellung nehmen muss.

2.1. Mein Parteiprojekt und mein politisches Engagement

Im Verlauf meiner philosophischen Tätigkeit bin ich sehr konkret auf das Problem zwischen Denken und Handeln gestossen – und so kam ich im Winter 2010/2011 auf den Gedanken, politisch aktiv zu werden. Habe ich in meinem ersten Buch nicht letztlich eine Philosophie des Handelns begründet? Eine Philosophie also, die es nicht beim reinen Denken belassen sollte, sondern das (bewusste) Handeln zum menschlichen Hauptakt macht. Worin aber besteht das konkrete Handeln in den allgemeinen Fragen: besteht es nicht letztlich in der Politik, in welcher in einem modernen Staat die Rahmenbedingungen des Lebens der Individuen festgelegt wird? Und gibt es nicht bedeutende neuzeitliche und moderne Philosophen – allen voran Karl Marx und Jean-Paul Sartre, aber aktuell auch etwa Slavoj Zizek – welche den Weg der Politik zumindest vorgeschlagen haben? Nicht zu vergessen natürlich der grosse Immanuel Kant, der ebenfalls – wenn auch allgemein (und eigentlich unpolitisch) – eine Philosophie des Handelns vorgeschlagen hat. Es liegt nahe, wenn man in keine bestehende Partei zu passen scheint, eine eigene Partei zu begründen, und das war denn auch mein Vorhaben. Relativ rasch hatte ich ein Programm für ein Parteiprojekt zusammengestellt – und ich wollte mit einer kleinen Partei bereits an den Wahlen 2011 teilnehmen. Ich wurde also von einem in diesem Ausmass für mich doch eher ungewöhnlichen Aktionismus befallen, welcher sich aber auch rasch als übertrieben herausstellen musste, denn rasch musste ich einsehen, dass ein solches Projekt zuviele Schwierigkeiten in sich barg, und im Herbst 2011 beschloss ich bereits, das Parteiprojekt (welches unter dem Namen 'Hirten der Eidgenossenschaft HdE' lief) aufzugeben. Nun hatte ich aber immer noch dieses Programm und wusste nicht, was ich damit noch anfangen sollte. Ich beliess es vorerst eine Zeit lang auf meiner Website und führte dazu noch einen politischen Blog, welchen ich bis in den Herbst 2015 weiterbetrieb. Da entschloss ich mich, das Programm mit weiteren politischen Beiträgen in einem kleinen Buch zu verarbeiten, welches hier nun vorliegt (immerhin hatte ich mich rund fünf Jahre intensiv mit dem Thema der [Schweizer] Politik beschäftigt). Im Nachhinein stellte sich heraus, dass meine Partei bei den Wahlen 2011 eigentlich voll im Trend gelegen wäre, denn die neuen Mitteparteien gingen aus diesen Wahlen als Sieger hervor, und meine Partei sollte ja auch eine kleine Mittepartei sein. Indessen: diese neuen kleinen Mitteparteien in der Schweizer Politik (die Bürgerlich-Demokratische Partei BDP 2004/2007, und die Grün-Liberale Partei GLP 2008) gingen beide aus Abspaltungen von bereits bestehenden Parteien hervor und konnten damit von Anfang an gestandene Politiker vorweisen – mit einer Kleinstpartei ohne eine starke Gruppe von Sympathisanten hat man in der Politik dagegen natürlich keine Chance. Zudem ist mein Parteiprogramm sicher auch ein bisschen spezieller, obwohl es eine Mitteposition einnimmt (und das Programm wurde von einer einzelnen Person gemacht – und da ist es natürlich sehr schwer, entsprechende Sympathisanten zu finden, welche das mittragen würden, und so bleibt es letztlich nur ein polit-philosophisches Programm). Ich würde sicher nicht sagen, diese politische Aktion habe letztlich nichts gebracht. Sondern: dieses Projekt oder Event hat mir aufgezeigt, wie gross die Kluft zwischen einem programmatischen Denken und einem politischen Handeln sein kann, und das ist eine wichtige philosophische Erfahrung, die mich auch dazu gebracht hat, im Handeln nicht mehr nur das reine Handeln zu sehen, sondern ein Nicht-Handeln – frei nach dem chinesischen Philosophen Laotse quasi – ebenso als Handeln zu betrachten, wenn diesem eine bewusste Entscheidung zugrunde liegt. Ebenso hat dieses Projekt eben auch ein 13-Punkte-Programm zur Schweizer Politik hervorgebracht, welches ich philosophisch weiterverwenden und – als politphilosophische Sache – auch so stehenlassen kann. Für die Schweizer Politik der Gegenwart und vermutlich auch der nächsten Zukunft sehe ich eine sehr grosse Ambivalenz. Diese heutige Zeit, welche ich als Spätmoderne bezeichne, ist überhaupt sehr ambivalent, und das ist zu diesem jetzigen Zeitpunkt fast das einzige, was wir über diese Zeit genau aussagen können – die Relativität des 20. Jahrhunderts der Moderne ist quasi der Ambivalenz des 21. Jahrhunderts der Spätmoderne gewichen. Vielleicht ist die Politik auch im Allgemeinen der Gesellschaft sogar die Kunst, mit den Ambivalenzen des Lebens so gut wie möglich umgehen zu können.

Die Wahlen 2015 wurden zum Brennpunkt*, mit welchem ich – mit einem Internetfolgetext spezifisch zu diesen Wahlen 2015 – mein politisches Engagement beenden wollte. Nach den Wahlen 2011, dachte man, wie man das vermutlich meistens nach Wahlen tut, dass sich der Trend der Mitteparteien vielleicht fortsetzen könnte. Erste Umfragen im Vorfeld der Wahlen 2015 zeigten jedoch ein anderes Bild. Zuerst sahen diese einen Erfolg der FDP – also der klassischen Wirtschaftspartei – voraus, was aufgrund der aktuellen Frankenstärke und einem befürchteten grösseren Wirtschaftsproblem eine logische Prognose war. Kurz vor den Wahlen ergab sich jedoch noch ein anderes und noch bedeutenderes Medienereignis: die Flüchtlingskrise auf dem Balkan sowie in Österreich und v.a. auch in Deutschland (von Flüchtlingen aus dem schlimmen Syrienkrieg). Europa und die Schweiz hatten mit den herankommenden Flüchtlingsmassen plötzlich ein riesengrosses Problem mehr, und dass sich dies auf die Wahlen 2015 auswirken würde, war auch logisch. Letzte Umfragen sahen einen gemeinsamen Wahlerfolg der Rechten, und so kam es dann auch: v.a. die rechtspopulistische Schweizerische Volkspartei SVP konnte deutlich zulegen; zusammen mit der FDP und zwei kleineren Parteien erreichte sie sowohl im Nationalrat wie auch im Bundesrat eine absolute Mehrheit für die Rechte (nur noch im Ständerat, der zweiten, kleineren Kammer des schweizerischen Parlaments war eine solche nicht gegeben). Eine solche alleinige Mehrheit hatte die Rechte im Bundesrat** – nach einer langen Zeit einer Mitte-Rechts-Mehrheit und einer sehr kurzen Phase einer Mitte-Links-Mehrheit – seit fast 100 Jahren nicht mehr! Und... wieder einmal also hatten die Medien eine Wahl entschieden. Drei Faktoren sehe ich als entscheidend für diesen Rechtsrutsch: 1. Das Geld, 2. Die Medien, 3. Die Themen. Wenn man die Berichterstattung der Schweizer Presse nach den Wahlen durchschaut, merkt man so richtig, wie rechtslastig diese in den letzten Jahren geworden ist (oder schon immer war: der Schweizer Weltschriftsteller Frisch hatte sich schon über die Rechtslastigkeit der Medien beschwert, und in der letzten Zeit ist die Situation nicht besser geworden, ganz im Gegenteil). In der Schweizer (Tages-) Presse findet sich alles: von rechts-konservativ über rechts bis (links-) liberal (d.h. alles auf der rechten Seite letztlich). Die Themen können die Medien natürlich nicht machen, aber die Art und Weise wie sie über bestimmte Ereignisse berichten, ist sicher mitentscheidend bei politischen Wahlen. Schon die Wahlen 2011 waren ja entscheidend von einem Medienereignis geprägt: damals von einem Kernreaktorunfall im japanischen Fukushima, was einen grossen Vorteil für die Grünen und grünfreundlichen Mitteparteien brachte. Bei den Wahlen 2015 gehörten beide grünen Parteien (GPS und GLP) – mit eben einem ganz anderen Thema – zu den grössten Verlierern. Vielleicht wird die Welt eines Tages nicht

mehr verstehen, warum ein Flüchtlingsdrama gut ist für rechte
Parteien, in den heutigen Verhältnissen ist das aber sehr logisch.

* Hier – für jene, die das genauer studieren möchten – das Resultat der
(Nationalrats-) Wahl 2015 im historischen Vergleich (je mit Wähleranteil
und Anzahl Sitze von 200 gesamt in Klammern [sowie in eckigen Klammern: Resultat vor 10 Jahren [1995], vor 20 Jahren [1967] und vor 100
Jahren [1919 – erste Proporzwahl], ferner je das Höchst- und Tiefstre-
sultat [alles während der Zeit der Proporzwahl 1919-2015]). Mit dieser
Ranglisten sind auch alle Parteien, welche im Text vorkommen einmal
mit vollem Namen genannt: 1. Schweizerische Volkspartei SVP 29,4 (65)
[1995: 14,9 (29), 1967: 11,0 (21), 1919: 15,3 (25); Höchstes 2015: 29,4 (65).
Tiefstes 1975: 9,9 (21)]. 2. Sozialdemokratische Partei der Schweiz SPS
18,8 (44) [1995: 21,8 (54), 1967: 23,5 (50), 1919: 23,5 (41); Höchstes 1931:
28,7 (49). Tiefstes 2011: 18,7 (46)]. 3. Freiheitlich-demokratische Partei
FDP [heute eigentlich: FDP.Die Liberalen] 16,4 (33) [1995: 20,2 (45), 1967:
23,2 (49), 1919: 28,8 (63); Höchstes 1919: 28,8 (63). Tiefstes 2011: 15,1 (30)].
4. Christlich-demokratische Volkspartei CVP 11,6 (28) [1995: 17,0 (34),
1967: 22,1 (45), 1919: 21,0 (41); Höchstes 1963: 23,4 (48). Tiefstes 2015: 11,6
(28)]. 5. Grüne Partei der Schweiz GPS 7,1 (10) [1995: 5,0 (8), 1967 u. 1919:
noch nicht teilgenommen; Höchstes. 2007: 9,6 (20). Tiefstes: 1979: 0,6 (1)].
6. Grünliberale Partei GLP 4,6 (7). 7. Bürgerlich-Demokratische Partei
BDP 4,1 (7). 8. Evangelische Volkspartei EVP 1,9 (2). 9. Eidgenössisch-
Demokratische Union EDU 1,2 (0). 10. Lega dei Ticinesi 1,0 (2). 11. Partei
der Arbeit/Solidarité PdA/Sol. 0,8 (1). 12. Piratenpartei Schweiz PPS 0,4
(0). 13. Christlichsoziale Partei [Obwalden] CSP 0,4 (1). 14. Alternative
Liste AL 0,4 (0). 15. Mouvement Citoyens Genevois MCG 0,3 (1). Teilgenommen haben ferner in den verschiedenen Kantonen insgesamt 42
weitere Parteien/ Gruppen. – Sitzverteilung im Ständerat nach der
Ständeratswahl 2015 (insgesamt 46 Sitze): CVP 13, FDP 13, SPS 12, SVP
5, GPS 1, BDP 1, Parteilos 1.

** Macht man die heutige Unterteilung von Rechten (SVP und FDP),
Mitte (CVP [sowie EVP, BDP, GLP]) und Linken (SPS und GPS [sowie
PdA]), dann ergibt sich im Bundesrat seit dessen Bestehen folgende Entwicklung in der Zusammensetzung: 1848-1891 0-7-0-0-0, 1892-1919 0-6-
1-0-0-0 (erster CVP-Bundesrat), 1920-1929 0-5-2-0-0 (zweiter CVP), 1930-
1943 1-4-2-0-0 (erster BGB/SVP), 1944-1953 1-3-2-1-0 (erster SPS), 1954 1-
4-2-0-0 (erste Zwischenphase nach Rücktritt eines SP-Bundesrats), 1955-
1959 1-3-3-0-0 (zweite Zwischenphase), 1960-2003 1-2-2-2-0 (zweiter SPS
[Zeit der Zauberformel]), 2004-2007 2-2-1-2-0 (zweiter SVP mit Abwahl
von einer CVP-lerin), 2008-2015 1-2-2-2-0 (Wiederherstellung der Zauberformel durch BDP), seit 2016 2-2-1-2-0 (Wiederwahl zweiter SVP). Die
Aufstellung zeigt, wie sich die Zusammensetzung des Bundesrates langsam aber sicher auf eine ausgeglichenere Tendenz zubewegte, und wie

sie sich heute bzw. seit 2003, also mit dem Bruch der Zauberformel, wieder von diesem Ausgleich wegbewegt.

Der Schock sei perfekt, schrieb ich im ersten Moment nach diesen Wahlen 2015 in meinem Internettext: "Absolute Mehrheit für die reaktionären Rechtskonservativen (und dies in einer Zeit einer galoppierenden Progressvität!), die ökologische Bewegung wird zerzaust." Und später: "Die Medien sprechen von einem Rechtsrutsch und von einem Triumph der SVP, oder: von einem gespaltenen Land, oder (tendenziös): von einem Comeback der bürgerlichen Schweiz, oder (im Ausland): von den erfolgreichsten Rechtspopulisten Europas. Die Kommentare fallen verschieden aus, eines ist aber sicher: die Probleme sind und bleiben die gleichen wie vorher. Und Lösungen dazu sind weiterhin nicht in Sicht. Nicht für das schwierige Verhältnis der Schweiz mit der Europäischen Union EU (und nicht damit für die adäquate Umsetzung einer Direkten Demokratie unter den heutigen supranationalen Bedingungen). Nicht für die gesellschaftliche Ausrichtung einer Schweiz zwischen der bedeutenden Migration dieser Zeit und dem Verdruss der Alte-Heimat-Rechten. Nicht für die Diskrepanz zwischen der immer wieder beschworenen kleinen, schönen und beschaulichen Schweiz und den grossen Weltkonzernen desselben Landes. Nicht – schliesslich – für das Verschwinden der Gletscher in den Bergen (und die Austrocknung der Schweiz [kann man die Bergbilder des berühmten Schweizer Malers Hodler noch anschauen, wie es der grosse Meinungsführer der SVP, welcher auch ein grosser Bildersammler ist, so gerne tut, ohne an die Gletscher zu denken?, der bekannte Schweizer Naturforscher Agassiz bezeichnete die Gletscher symbolisch als 'die grosse Pflugschar Gottes': zieht sich Gott zurück in dieser Zeit?]). [...] Nach dem (deutlichen) Nein zu Europa 2001 und der Annahme der (sowohl mit Europa wie auch mit der schweizerischen Wirtschaft unvereinbaren) Volksinitiative gegen Masseneinwanderung 2014 hat das Schweizer Volk der Schweizer Politik mit diesen Wahlen 2015 zum dritten Mal in den 2000-er Jahren eine unlösbare – oder zumindest maximal schwierige – Aufgabe erteilt. Was will das Volk damit sagen? Und wie soll das weitergehen? In dieser Zeit scheint es nur noch Pyrrhussiege zu geben. Es wird nun noch schwieriger werden in der Schweizer Politik." Die Ständeratsnachwahlen zeigten dann ein etwas anderes Bild, doch der insgesamt bedeutende Rechtsrutsch blieb bestehen. Es ist aber eigentlich auch typisch schweizerisch: dass sich die Kräfte irgendwie wieder ausgleichen, und dass eine starke Verschiebung an einer Stelle des Systems an einer anderen Stelle ausgleichend korrigiert wird. Bisher jedenfalls konnte die Schweizer Politik immer auf solche Ausgleichseffekte bauen. Die grössten Befürchtungen nach dieser Wahl 2015 liegen darin, dass soziologische und ökologische Errungenschaften und damit die linksgrüne Progressivität im 20. Jahrhundert allgemein (inkl. den verschiedenen Befreiungsbewegungen, notabene) in Gefahr sind. Das ist alles eigentlich wenig wünschenswert zu dieser Zeit, in welcher wichtige Weichen gestellt werden, sowohl in der Ökologie wie auch in der Soziologie, und insbesondere ein soziologischer und ökologischer Ausgleich in der Wirtschaft vorangetrieben werden müsste. Es geht dabei ja um echte und grosse Herausforderungen in der Welt und in der Gesellschaft der Gegenwart und der Zukunft.

Der Rechtsrutsch in der Schweiz und die Tendenz einer aufkommenden rechtspopulistischen Partei seit den 1990-er Jahren liegt mittlerweilen in einem bedeutenden europäischen Trend. Überall sind es die gleichen Gründe, welche zu diesem Trend führen: Bedenken zur Europäischen Union EU und Angst vor zuviel Einwanderung durch fremde Menschen. Die Situation während und nach den Wahlen wurde in Europa zunehmend ungemütlicher. In meinem Internettext beschrieb ich die Ereignisse unmittelbar nach den Wahlen so: "Turbulente (Medien-) Tage während dieser Schweizer Wahlen 2015: Flüchtlingswelle in Deutschland, Terrorwelle in Frankreich, und die Schweiz ist medial, emotional und politisch wieder einmal näher betroffen und mitdabei, als ihr das eigentlich lieb sein kann." Oder etwas später: "Grenzzäune gegen Flüchtlinge in Ungarn und Slowenien – und auch etwa Kroatien und Österreich denken über Zäune nach – Terror, Ausnahmezustand, Notrecht und Ausgangssperren in Frankreich und Belgien, fremdenfeindliche Demonstrationen und Brandanschläge auf Asylheime in Deutschland, erhöhte allgemeine Polizeipräsenz in fast allen Ländern, erdrutschartige Wahlsiege von rechtsnationalistischen Parteien in der Schweiz, in Polen und in der Türkei (sowie immer noch

ein anhaltender Bürgerkrieg in der Ukraine und massive Kriegs-
einsätze von Russland und Frankreich im chaotischen Syrienkrieg, nebst einem ebenso anhaltenden ungeordneten Flücht-
lingschaos in Griechenland und in Italien [auf Lampedusa]) –
alles in den Tagen und Wochen rund um die Schweizer Wahlen
geschehen und in den Medien täglich thematisiert (in den
letzten Monaten und Jahren hat sich die Situation in Europa
eigentlich kontinuierlich verschlechtert – seit der Schuldenkrise,
der Finanzkrise und der Eurokrise; die Auslöser für die aktuellen Probleme Europas waren erstens die Subprimekrise in den
USA 2007 und zweitens der Beginn des Bürgerkriegs in Syrien,
im Zuge des sogenannten arabischen Frühlings 2011 [natürlich
aber auch die hohen Staatsverschuldungen, welche sich v.a. die
südeuropäischen Länder schon vorher eingehandelt hatten, mit
der Folge von grossen wirtschaftlichen Problemen etwa in Griechenland, Spanien, Portugal, Italien oder teils auch Frankreich,
aber auch in anderen Ländern Westeuropas]). An diesem Jahres-
wechsel 2015/2016 muss man die Welt- und Europalage als sehr
(und zunehmend) unsicher beschreiben." Das zeigt, aus welcher
politischen Situation heraus ich dieses Buch schreibe. Prognosen
zu machen ist in dieser Zeit sehr schwierig (und trotzdem komme ich in einem politischen Buch über allgemeine Beurteilung
natürlich nicht herum [ich könnte das Buchprojekt verschieben,
möchte aber eben zu diesem Zeitpunkt mein intensiveres politisches Engagement mit diesem Buch abschliessen – ein Werk
über die Politik kann immer nur eine Momentaufnahme sein]).
Europapolitisch halte ich die europäische Integration und die
Europäische Union EU für unverzichtbar und unbedingt weiter-
zuverfolgen, auch und gerade in schwierigeren Zeiten. In Kri-
senzeiten dürfte sich noch klarer herausstellen, wie bedeutend
die EU mittlerweilen für Europa und die Europäer geworden ist.
Ich möchte nicht allzu bedeutend über die Welt- und Europapolitik sprechen – und diese eigentlich nur antönen – sondern: es
geht hier v.a. um die Auswirkungen der beschriebenen Ereignisse auf die Schweizer Politik (und Wahlen [auch in ihrer
medialen Bedeutung und Auswirkung]).

2.2. Wahlbeteiligung, Zauberformel, Parteiensystem

Noch stärker als das Wahlresultat – zumal vor den Wahlen langezeit gar nicht mit allzu grossen Veränderungen zu rechnen war – hat mich eigentlich die Wahlbeteiligung interessiert, da ich auf meiner Website schon lange darauf hingewiesen hatte, dass die tiefe Wahlbeteiligung in der Schweiz ein grosses (moralisches) Problem ist. Seit den späteren 1970-er Jahren liegt die Wahlbeteiligung in der Schweiz unter 50%!! Und natürlich hat es die Schweizer Politik auch diesmal wieder nicht geschafft, über die 50%-Marke zu kommen! Dass in diesem Zustand eigentlich gar keine richtige Legitimierung der Regierung durch das Volk gegeben ist, erscheint dabei als das grösste Problem. Dies ist vielleicht wirklich nur ein moralisches Problem und nicht wirklich ein juristisches, aber trotzdem: bedenkt man das hohe Ansehen, welches die Schweizer Demokratie in der Welt geniesst und auch für sich beansprucht, so erscheint dies als höchst bemerkenswert. Ja, das sind im Grunde unhaltbare Zustände, und weder die Medien noch die Politik selber scheint das irgendwie zu interessieren. Mit dem spektakulären Rechtsrutsch bei den Wahlen ist die Thematik der Wahlbeteiligung leider wieder einmal in den Hintergrund getreten. Ein bedeutender Faktor während der Wahlen war die Diskussion rund um die Konkordanz und die Zauberformel. Das ist die Formel der Zusammensetzung des Bundesrats – zwischen 1960-2003 war dieser immer nach der genau gleichen Parteienformel zusammengesetzt: 1 SVP, 2 FDP, 2 CVP, 2 SPS. Die Schweiz sei ein Land der Konkordanz (Zusammenstimmung), heisst es immer, derzeit stimmt aber nicht mehr allzu viel zusammen. Es gibt nicht nur etwa seit den 1980-er Jahren eine verstärkte Links-/ Rechts-Polarisierung, sondern es gibt mittlerweilen auch zwei vollkommen verschiedene Spiele im Parlament. Das eine Spiel ist eben das alte Spiel mit der Konkordanz, in welchem es viele Parteien gibt, die miteinander ausmachen, wer in einem konkordanten Bundesrat sein soll, in dem die bedeutendsten Parteien des Landes vertreten sind, das andere Spiel ist jenes der SVP, welches dem US-Zweiparteien-System (Republikaner vs. Demokraten) gleicht. In diesem Spiel gibt es nur noch: Wir und die Anderen (wobei die SVP das für sich selber freilich umdreht und sagt, die anderen Parteien würde sie in die Oppositionsrolle drängen – vermutlich liegt die Wahrheit irgendwo dazwischen; jedenfalls ist dies derzeit ein schwieriges Verhältnis zwischen Regierung [SVP, FDP, CVP, SPS] und Opposition [SVP, GPS und weitere kleinere Parteien]).

Ich fand das System mit der alten Zauberformel eigentlich sehr gut (um nicht zu sagen: genial), aber wenn das Volk es zerschlägt – und das Volk hat es zerschlagen – und dann nicht mehr recht weiter weiss, dann wird die Politik vermutlich etwas schwieriger. Das heutige Doppelspiel ist schwierig. Vorderhand wird in jedem Fall noch das alte Spiel gespielt: man sucht nach Zusammensetzungsformeln, auch wenn sie nicht mehr ganz der alten Zauberformel entsprechen. Ich sehe im aktuellen System fünf verschiedene (Grund-) Positionen: rechtskonservative Nationalisten (RN), rechte Liberalisten (RL), Christliche in der Mitte (MI), linke Sozialisten (LS) und linksalternative Grüne (LG). Ergänzende Parteien können in dieses heutige Grundsystem eingefügt werden. Für eine reine Zauberformel gibt es in diesem System mathematisch eigentlich nur drei Möglichkeiten (wenn alle Grundpositionen mindestens einen Vertreter haben sollen). Erstens: 1 RN, 2 RL, 1 CM, 2 LS, 1 LG. Zweitens: 2 RN, 1 RL, 1 CM, 1 LS, 2 LG. Drittens: 1 RN, 1 RL, 3 CM, 1 LS, 1 LG. Ich bin mir bewusst, dass diese Vorschläge relativ weit weg sind von den aktuellen Parlamentsverhältnissen, aber ich habe leider keine anderen Vorschläge dazu. Es gibt aber verschiedene modifizierte Formeln, zu welchen auch die alte, im Jahr 2003 abgesetzte Formel gehört. Das Grundwesen einer Zauberformel liegt darin, dass keine der beiden politischen Seiten die absolute Mehrheit hat. Natürlich geht Politik auch ohne eine Zauberformel, denn Politik geht immer irgendwie (und irgendwelche Kompromisse werden sich auch meist irgendwie ergeben). Im anderen Spiel, jenem der SVP, wird die reine Polarität zum System erklärt. Fängt man einmal damit an, dann kommt man in einen ewigen Kreislauf von gegenseitigen Ablösungen von Regierungen, die sich jeweils gegenseitig für alles, was im Land schief läuft, verantwortlich machen müssen, damit sie die nächsten Wahlen gewinnen. In diesem System gibt es also eigentlich immer nur fehlerhafte Regierungen, jedenfalls angeschwärzte. Die Schweiz hat eigentlich ein vergleichsweise vernünftigeres System, eben der Zusammenstimmung – und auch ergänzend noch der Vernehmlassung (d.h. auch bedeutende Kräfte ausserhalb des Parlaments werden in den Rechtssetzungsprozess einbezogen). Wenn man diese aufgibt, so gibt man einen bedeutenden Faktor des heutigen Systems der Direkten Demokratie auf, welche eigentlich das einzige Argument für den Sonderfall Schweiz ist. Die Schweiz hat vermutlich von den demokratischen und differenzierten Systemen heute das klarste (Mehr-) Parteiensystem in der Welt überhaupt (unter jenen Staaten, die mehr als zwei grosse Parteien haben). Es ist nicht ausgeschlossen, dass wir eine solch klare Systematik, wie wir sie heute in der Schweizer Politik sehen können, in Zukunft nicht mehr haben werden, was (ordnungspolitisch) zu bedauern wäre, aber trotzdem eben möglich ist – daher eignet sich diese Zeit auch so hervorragend für eine grosse Analyse der Schweizer Politik (und der [direkt-] demokratischen Politik überhaupt). Auch hierzu ist meine Position klar: man sollte das aktuelle System möglichst erhalten, denn es ist falsch, das Gute umzukrempeln, wenn man im Grunde nichts Besseres zur Verfügung hat.

Was aber ist denn eigentlich das schweizerische (Grund-) System? Mit einem philosophischen Hintergrund – und ein solcher ist auch im Verständnis der Politik nicht unwesentlich – können wir zuerst einmal festhalten, dass es sich eigentlich um eine Politie handelt und nicht um eine reine Demokratie – und das gilt für alle heutigen demokratischen Systeme. Die Politie ist nach Aristoteles eine Mischform zwischen einer Demokratie und einer Oligarchie, d.h. zwischen einer Volks- und einer Eliteherrschaft. Aristoteles meinte schon, dass diese Form der Politie besser sei als eine reine Demokratie (und die Griechen hatten einige Erfahrung mit verschiedenen politischen Systemen). In einer Politie gibt es keinen eigentlichen oder ausschliesslichen Souverän, in der Demokratie ist dagegen das Volk der Souverän. Die Neue Rechte verwendet den Souveränitätsbegriff des Volkes besonders gerne und redet von den Politikern – obwohl sie selber solche sind – gerne als dem Volk gegenüberstehende Classe Politique. Eine Überbetonung des Begriffs vom Souverän kann freilich (immer!) zu einem Absolutismus führen. Der Begriff des Souveräns stammt ja auch aus dem Absolutismus (gemeint waren damit in der früheren Zeit souveräne, absolutistische Herrscher). Wer ist nun aber souveräner: das Volk oder die durch das Volk gewählte Regierung? Das ist ein unauflösbares Paradoxon. Eine gewählte Regierung kann sich vom Volk entfernen und damit ihre Opportunität verlieren, dagegen aber ist normalerweise einer gewählten Regierung doch zugute zu halten, dass sie vom Volk eingesetzt wurde; andererseits kann sich aufgrund gewisser Umstände aber auch das Volk politisch verändern, notabene, während die gewählten Vertreter des Volkes eigentlich dieselben bleiben. Wie stünde es in diesem Fall? Zudem ist auch zu bemerken, dass das Volk es als Souverän nicht so leicht hat, denn es trifft Volksentscheidungen, die nicht immer so klar ausfallen, wie man sich das wünschen würde. Ja, oft in letzter Zeit gab es sogar auch in wichtigen und bedeutenden Fragen und Abstimmungen 51:49-Entscheidungen (oder sogar noch knappere Entscheidungen). Wie will man mit solch unsouveränen Entscheidungen eine klare Politik verfolgen? Das Volk ist also (in der Demokratie, und erst recht in der Direkten Demokratie) der Souverän, aber es ist nicht immer souverän (in seiner Politik). Es ist auch ein sehr schwieriges Unterfangen: für die Ausgeglichenheit der Kräfte (für den Frieden) und trotzdem auch für die Klarheit der Entscheidungen (für den Fortschritt) zu sorgen. Damit wir unseren Sprachgebrauch und unser traditionelles politisches Verständnis nicht allzu sehr umkrempeln müssen, können wir – statt von einer Politie – auch von einer politischen Demokratie sprechen: welche einen guten Ausgleich sucht zwischen dem Volk und den Eliten, oder: zwischen dem Volk und der Regierung.

Das Volk hat in der Schweiz Referendums- und Initiativrechte, die weiter gehen als in jedem anderen Staat der Welt! Für uns ist das die Normalität, aber es hat trotzdem noch immer, und immer wieder, ein Ausrufezeichen verdient. Ebenfalls einer der wichtigsten Faktoren in einer Demokratie ist die Wirtschaft: in demokratischen Staaten herrscht eine weitgehende Wirtschafts- und Gewerbefreiheit, trotzdem ist die Wirtschaft der Politik letztlich unterstellt. Es ist immer die Politik, welche die Rahmenbedingungen der Wirtschaft setzt, und nicht umgekehrt. Die Wirtschaft ist ein Teil der Politik, und sie ist ein sehr wesentlicher Faktor der Politik. Diese Ausdifferenzierung zwischen Politik und Wirtschaft muss man zuallererst machen, wenn man das demokratische System beschreiben will (das zeigt die Realität, und die grosse Bedeutung, welche die Wirtschaft in einer realen Demokratie hat). Ebenso grundlegend ist in einem demokratischen Verständnis die Gewaltentrennung zwischen drei verschiedenen Staatsgewalten: der Exekutive (in der Schweiz: Bundesrat), der Legislative (Parlament, mit dem National- und Ständerat) und der Judikative (Bundesgericht). Die Theorie der Gewaltentrennung, welche sich in der Praxis etabliert hat, stammt vom französischen Aufklärungsphilosophen Montesquieu, während der britische Philosoph Locke zuvor unterschieden hatte zwischen der Exekutiven und der Legislativen, womit er sich schon mit einer Gewaltentrennung gegen den Absolutismus wendete, welcher zuvor in der Philosophie etwa von Bodin und Hobbes vertreten worden war. Die Medien sind übrigens keine vierte (Staats-) Gewalt (sondern: sie sind letztlich ein Teil der Privatwirtschaft, wenn es private Medien sind, und ein Teil der Regierung, wenn es staatliche Medien sind [wobei in demokratischen Staaten auch öffentlich-rechtliche Medien sehr kritisch, aber trotzdem nicht als vierte Gewalt konzipiert oder aufzufassen sind]). Die realexistierenden demokratischen Systeme sind oft sehr stark vom Parlament geprägt – so auch und besonders in der Schweiz, wo die Vereinigte Bundesversammlung des Parlaments nicht nur den Bundesrat wählt, sondern auch die Bundesrichter. Es ist also in der Schweiz so, dass die Legislative die Exekutive und die Judikative wählt (während in den meisten anderen Ländern das Staatsoberhaupt vom Volk gewählt wird). Als die SVP 2010/2013 die Volkswahl des Bundesrates verlangte – wie es zuvor auch schon zweimal die SP getan hatte (1898/1900 und 1939/1942) – wankte ich ein bisschen. Sollte nicht das höchste Gremium des Landes in einer Direkten Demokratie vom Volk gewählt werden (und ebenso eigentlich auch das Bundesgericht)? Nein: denn dies entspricht wieder einmal dem gutschweizerischen Ausgleich. Das Volk hat zwar weitgehende Möglichkeiten, direkt in den politischen Prozess einzugreifen, dagegen aber liegt eigentlich das Parlament, also die sogenannte Volksversammlung, im Zentrum der Macht (stärker als in jedem anderen Land der Welt). Und: gerade in einer Direkten Demokratie muss das System der Classe Politique auch gut stabilisiert werden. Der Ausgleich ist es, welche das spezielle Schweizer System überhaupt erst ermöglicht und stützt. Das sollten wir nie vergessen, insbesondere nicht in einer Diskussion um die Souveränität. Das Volk ist in einem gewissen Sinn der Souverän, wie es Rousseau verlangte – aber es hat (auch) keine absolutistische Funktion.

Weil das Parlament eine relativ grosse Macht besitzt im Schweizer System ist es auch besonders interessant, die Parteienlandschaft etwas genauer zu analysieren, zumal man hier auch die reinste Form eines demokratischen Parteiensystems findet, welche sich auch, im 18./19. Jahrhundert, direkt aus der (französischen) Bürgerrevolution heraus, und deren Folgeentwicklungen (wesentlich mit der sozialistischen und der ökologischen Herausforderung), ergeben hat. Man sollte in jedem (System-) Streit auch bedenken, dass es das perfekte System vermutlich nicht gibt, und dass jedes politische System immer nur so gut sein kann, wie es die Menschen sind, die sich darin bewegen. Ich möchte nachfolgend die bedeutendsten Parteien, d.h. die vier Bundesratsparteien (SVP, FDP, CVP, SPS) und die bedeutendste Oppositionspartei (GPS), in deren heutiger Bedeutung, allgemein wie auch speziell, in Hinsicht auf die vergangenen Wahlen 2015 und die heutige Situation einzeln analysieren.

2.3. Die umstrittene SVP und ihr Rechtspopulismus

Die SVP steht – so könnte man es positiv formulieren – für eine gewisse nationale Besinnung, in einer Zeit des allgemeinen Aufbruchs Europas in die Supranationalität, auch wenn ihr Auftritt in den letzten 20 Jahren alles andere als besinnlich war – nämlich im Gegenteil: sehr aufreibend. Dieser aufreibende Auftritt der SVP hat die Schweizer Politik übermässig stark polarisiert. Von den vielen kleineren und grösseren Fragwürdigkeiten in der Realpolitik dieser Partei in den letzten Jahren haben mich drei Dinge besonders geärgert: erstens das sogenannte Schäfchenplakat (Wahlkampf 2007), zweitens der (einseitige) Vertrag mit dem Volk (Wahlkampf 2011) und drittens die 51%-Strategie, welche ein ehemals relativ bedeutender Vertreter der Partei einmal (unwidersprochen) herausgab (Wahlkampf 2011). Zunehmend brachte die SVP die Schweiz auch in die internationale Kritik. Der Gipfel der Kritik erschien in einer bedeutenden englischen Zeitung: "Switzerland is known as a haven of peace and neutrality. But today it is home to a new extremism that has alarmed the United Nations. Proposals for draconian new laws that target the country's immigrants have been condemned as unjust and racist. A poster campaign, the work of its leading political party, is decried as xenophobic. Has Switzerland become Europe's heart of darkness?" [The Independent: "Switzerland: Europe's heart of darkness?", 2007 (geschrieben von einem britischen Journalisten namens Paul Vallely – laut der englischen Wikipedia: 'a leading British writer on religion, ethics, Africa and development issues').] Leider kann ich der Schweiz diese Kritik nicht ersparen, und sie soll zeigen, wie hoch die Wogen der Kritik tatsächlich gegangen sind – während sie letzthin glücklicherweise wieder etwas abgeflacht sind, nicht zuletzt deswegen, weil die verschiedenen Ländern nun ihre eigenen Probleme mit ihrer eigenen Rechten haben. Es erstaunt mich im Nachhinein, wie locker die SVP mit der ausländischen wie mit der inländischen Kritik umgegangen ist, aber sie war oder ist scheinbar auf einem Kurs, welcher die allgemeine Wahrnehmung einigermassen bedeutend einschränkt.

Die SVP ist heute einerseits ein Teil einer allgemeinen rechtspopulistischen Tendenz in der europäischen Politik, andererseits hat sie aber doch auch in manchen Bereichen eine sehr eigene, schweizerische Ausprägung. Bis in die früheren 1990-er Jahre kam die Partei nie über 15%-Wähleranteil und war damit stets die kleinste der vier (heutigen) Bundesratsparteien. In den letzten 20 Jahren stieg sie von einer 10%-Partei fast zu einer 30%-Partei auf (und dies, notabene, als alte Bauernpartei mit einem heutigen Anteil von 3% in der Landwirtschaft tätigen Menschen). Der grosse SVP-Aufschwung kam mit der EWR-Abstimmung 1992 und schliesslich mit der EU-Abstimmung 2001. In dieser Zeitspanne wurde der alte, traditionelle Berner Flügel vom Zürcher Flügel der Partei rechts überholt, und in der Folge dieser innerparteilichen Bewegung wurde auch Christoph Blocher zum langjährigen Meinungsführer der Partei. Nie zuvor in der Schweizer Geschichte hatte es einen Volkstribun dieser Art gegeben. Als das Volk die Aufnahme von Beitrittsverhandlungen zur EU 2001 überdeutlich verwarf, standen sowohl der Bundesrat wie auch die Wirtschaft sowie die politische Mitte und auch die politische Linke im Abseits – sie alle befürworteten anfänglich einen EU-Beitritt. Das heisst: das ganze politische Establishment, oder: die (von Herrn Blocher polemisch sogenannte) Classe Politique, tat dies, ausser eben der SVP. Die Classe Politique hatte eine denkwürdige Niederlage gegen das Volk erlitten, und die SVP konnte auf diesem Boden ihre heutige (Oppositions-) Politik aufbauen (in ihrem alten Status wurde die SVP in der Regierung nicht als Opposition wahrgenommen [wohl aber kleinere und extremere Rechtsaussenparteien, die in der Folge von der SVP aufgesogen wurden und eigentlich sogar die Politik der SVP zunehmend bestimmten]). Die SVP-Gegner haben sich eigentlich bis heute nicht von diesem Schock 2001 erholt! Und nun hat die SVP bei den Wahlen 2015 (dank internationalen Ereignissen) eben sogar einen weiteren Erdrutschsieg erreicht – mit unabsehbaren Folgen. Die zukünftigen Absichten dieser Partei sind schwierig zu durchschauen. Ihr Programm ist das Schweizer Volk, was ein reichlich undefiniertes Programm ist (wie wird sich diese Partei in Zukunft entwickeln?, und wie wird sich das Volk in Zukunft zu dieser Partei stellen: es könnte sich ja auch sagen, dass es in einer Direkten Demokratie eigentlich gar keine Volkspartei braucht [aber: ich habe ja auch den Einwand der Politie gebracht, und in dieser könnte eine Volkspartei schon eine gewisse Berechtigung haben]).

Die SVP wird in der Zukunft wohl auch einige interne Schwierigkeiten zu bewältigen haben, da sie viele Widersprüche in sich trägt: der eine führte bereits zur Abspaltung der BDP (dies war der Widerspruch, welcher in der Gründung der SVP 1971 liegt, als die alte Bauern-, Gewerbe- und Bürgerpartei BGB mit Restposten der Demokratischen Partei fusionierte); ein weiterer Widerspruch liegt in der national äusserst uneinheitlichen Namensgebung der SVP, welche in der Deutschschweiz als rechtspopulistische Volkspartei auftritt, in der Romandie aber ganz anders, als Union démocratique du centre UDC, also etwa: Demokratische Mitte-Union – und schliesslich ist noch ein weiterer Widerspruch bereits in der Namensgebung der alten BGB zu vermerken: das war ursprünglich ja eine reine Bauernpartei, die aus taktischen Gründen auch die Gewerbler und die Bürger ansprach, um damit mehr Stimmen zu erreichen. Bauern und Gewerbler haben aber eigentlich eine vollkommen verschiedene ökonomische Grundphilosophie: jene des Bauerntums, in welchem als Produktionsfaktor der Boden im Vordergrund steht, heisst Physiokratismus, jene des Gewerbes, in welchem das Kapital im Vordergrund steht, begründet sich im mittelalterlichen Zunftwesen, im Merkantilismus und in der Klassischen Nationalökonomie. Die SVP war tatsächlich eine Partei, welche langezeit vorwiegend ländliche und landwirtschaftliche Gebiete angesprochen hat: die Gewerbler – und im letzten Schritt – die Bürger, kamen erst nach und nach dazu. Der Pathos einer grossen Volkspartei mag viele faszinieren, andererseits aber ist es natürlich nicht einfach, eine grosse Volkspartei zu sein – und einer dementsprechend grossen Masse, auch wenn sie ja nicht das ganze Volk umfasst, zu gefallen. Da sind bedeutende Widersprüche praktisch vorgegeben. Natürlich ist die SVP in ihrer heutigen Ausrichtung auch gar keine echte Volkspartei: eine solche müsste sich, um ihrem Grundanspruch gerecht zu werden, fast logischerweise in der politischen Mitte ansiedeln (woher auch der Begriff der Volkspartei zu stammen scheint). Das Volk ist ja nicht immer das, was manche meinen, sondern das Volk ist in einer modernen Demokratie wesentlich geprägt durch den Mittelstand.

Ist denn nun – nach diesem grossen und langen Aufschwung und nach diesem bedeutenden Wahlsieg 2015 plötzlich jeder Zweite in der Schweiz ein SVP-Anhänger? Nein, denn es gilt folgende Rechnung: rund 30% der Stimmen minus rund 50% (von Nichtwählern) minus rund 20% (von nichtwahlberechtigten Ausländern), das ergibt: rund 12% SVP-Wähler in der Bevölkerung bei den wahlberechtigten Über-18-Jährigen – wenn man auch die Jugendlichen und andere Nicht-Wahlberechtigte noch abzieht, wären es vermutlich unter 10% (also weniger als jeder Zehnte). Statistisch gesehen entsprechen 10% eigentlich einem Randphänomen, politisch aber ist es der derzeit relevanteste Faktor. Das zeigt die grossen Auswirkungen der schwachen Wahlbeteiligung (wäre man etwas böse, so müsste man schon fast von einer Farce sprechen!). Es sind also gar nicht so viele Anhänger, wie manche vielleicht glauben. Trotzdem ist der Wirbel, welchen die SVP macht, mehr als nur beträchtlich. Wer glaubte, die SVP würde nach den Wahlen 2015 und ihrem zweiten Bundesrat ein bisschen moderater werden, sah sich rasch getäuscht. SVP-Meinungsführer Blocher richtete bereits im Januar 2016 wieder mit der ganz grossen Kelle an: "Merken Sie die Krise, die wir haben. Wir sind auf dem Weg von der Diktatur. Wenn sich die Gerichte auch noch über den Volkswillen hinweg setzen, dann haben wir das Aushebeln der Bevölkerung, des Stimmbürgers, weil der darf nicht mehr sein eigenes Recht setzen – was die grosse Stärke von der Schweiz ist: dass der Bürger selber das Recht setzt. Der Betroffene... die wollen jetzt die Macht an sich reissen. Der Bundesrat, die Verwaltung ganz stark, oder, natürlich, die Mehrheit des Parlaments, jetzt auch noch das Bundesgericht. Das Bundesgericht hat jetzt gesagt: wir setzen das internationale Recht *über* das schweizerische Recht. Und jetzt wollen wir dann schauen, wie sie es dann anwenden." (Teleblocher, Das Blocher-Prinzip, Folge 436: "Christoph Blocher über Köppel, Vogt, Leuenberger und den Weg in die Diktatur"; Herr Blocher wiederholte diese Diktaturbehauptung in seiner jährlich abgehaltenen Rede auf der Albisgüetli-Parteitagung 2016 und verschärfte sie danach sogar noch). Der Grund für diese Aussagen ist die vermeintliche Verweigerung der Umsetzung der Ausschaffungs- und der Masseinwanderungsinitiative durch die (von Blocher sogenannte) Classe Politique. Wenn die angesehenste Demokratie der Welt in 20 Jahren mit einem Herrn Blocher nicht klarkommen kann, und sich von diesem schliesslich unter dem Beifall mancher sogar noch als Diktatur beschimpfen lassen muss, dann sagt dies natürlich sehr viel aus über die Schweizer Politik zu dieser Zeit. Eigentlich wollte ich hier nicht gross über Personen reden, und schon gar nicht über Herrn Blocher, aber beides geht in einer Arbeit zur aktuellen Politik leider nicht. Man kommt in dieser Zeit nicht um Herrn Blocher herum. Man kann ihm zugute halten, dass er bedeutende Diskussionen angestossen hat: soviel möchte ich ihm zugutehalten – die Art und Weise, wie er und seine Partei das gemacht haben, steht aber ebenfalls zur Diskussion (und er wird dazu vielleicht sagen, dass es nicht anders gegangen sei).

Bezüglich des derzeitigen Streitpunkts zwischen der Diktaturbehauptung von Herrn Blocher und dem schweizerischen Gerichtswesen habe ich folgende interessante Aussage eines bemerkenswerten US-amerikanischen Rechtswissenschaftlers gefunden: "The prophecies of what the courts will do in fact, and nothing more pretentious, are what I mean by the law." (Oliver Wendell Holmes jr., 1841-1935). Das zeigt die grosse Differenz zwischen dem reinen Volkswillen und einer unabhängigen Richtergewalt. Holmes sagt also (oder zumindest ist dieser Satz so auszudeuten): wenn wir Gesetze machen, so müssen wir dabei an die Richter denken, d.h. an die konkreten Menschen, welche die Gesetze umsetzen müssen (und wir müssen ergo die Gesetze so machen, wie die meisten unabhängigen Richter über ein bestimmtes Delikt urteilen würden). Die direktdemokratische Auffassung von Herrn Blocher sagt dagegen eigentlich: die Richter haben überhaupt nichts zu melden – das Volk diktiert den Richtern, wie sie zu urteilen haben. Wie sich so behandelte Richter für eine Direkte Demokratie begeistern sollen, das ist eine andere Frage – denn sie sind dann eigentlich keine Richter mehr, sondern (von der reinen Kompetenz her) nur noch Ausführende (was in der Gewaltenteilung eben gerade nicht so sein soll). Diese Überlegungen zeigen vielleicht exemplarisch, wie schwierig die aktuellen Probleme in der Schweizer Politik sind – nicht nur in Bezug auf die richterliche Gewalt, sondern eigentlich fast in allen Belangen des schweizerischen Staates (praktisch alles wird oder kann heute kontrovers diskutiert werden; und es wird immer kontroverser, je extremistischer die Positionen und Parteien sind).

2.4. Die FDP und ihre schwierige neue Bedeutung

In kaum einem anderen Land hat eine freiheitliche Partei eine so bedeutende Stellung wie die FDP in der Schweiz: im Jahr 1848 war sie die staatsgründende Partei, und sie ist bis heute die klassische und grosse Wirtschaftspartei. Die Wirtschaftszahlen sind in der Schweiz eigentlich immer noch hervorragend, und daher könnte man meinen, dass die FDP auf einer permanenten Erfolgswelle reiten müsste, aber das Gegenteil ist der Fall. Sie gehörte zusammen mit der CVP, mit welcher sie in den goldenen Jahren die klassische Mitte bildete, in der letzten Zeit – d.h. seit dem Aufstieg der SVP – immer zu den Wahlverlierern. Erst in der Wahl 2015 konnte sie wieder ein bisschen Boden gewinnen. Die FDP gilt in der Schweiz nachwievor als ein Garant für eine Stabilität in der Wirtschaft, allerdings hat sie letzthin ihre klare Position in der Wirtschaft etwas verloren – einerseits ist die SVP, welche ebenfalls als Wirtschaftspartei auftreten möchte, stärker geworden, und andererseits gilt es dies auch von einem politisch unabhängigen Grosskonzernismus zu sagen. Dies etwa seit den 1990-er Jahren, parallel zum Aufstieg der SVP also, oder diesem sogar noch leicht vorausgehend: etwa mit den Weissbüchern der Wirtschaftsführer 1991 und 1995 sowie den grossen Bankenfusionen 1993 und 1998. Die Grossunternehmer waren eigentlich sogar die Ersten, welche die FDP rechts überholten, indem sie eine rechtenfreundliche und linkenfeindliche Politik vorschlugen, welche weit über die damaligen FDP-Forderungen hinausgingen. Nun stellt sich eben die Frage, wie und wo denn die FDP in der heutigen Wirtschaft überhaupt genau positioniert ist. Der Neoliberalismus brachte – v.a. gesellschaftlich und politisch – keine wirkliche Erneuerung der alten liberalistischen Ideologie, welche in einer absoluten Form eigentlich (vorher bereits, zur Zeit des Manchesterliberalismus) ebenso gescheitert ist, wie der realexistierende Kommunismus in Osteuropa am Beginn der 1990-er Jahre (diese Zeit war eine unglaublich umwälzende Zeit, sowohl international wie auch national!). Die FDP hat – wie zunehmend auch die SP auf der anderen Seite – grosse Mühe, sich bzw. ihre alte Ideologie adäquat zu erneuern. Ich will hier jedoch nicht zu viel von Liberalismus und Sozialismus und/oder Kapitalismus und Kommunismus reden – das ist zwar politisch und historisch alles sehr interessant, jedoch verwirren die tiefenhistorischen Ansätze und Begriffe die heutige Realpolitik nur zusätzlich.

Für die FDP ist der starke Aufschwung der SVP ebenso ein Segen wie ein Fluch. Einerseits hat sie damit in Wirtschaftsfragen einen stärkeren Partner, andererseits muss sie sich von der SVP auch stark abgrenzen, um ihre Eigenständigkeit zu wahren und im Wirtschafsbereich ihre führende Rolle zu behaupten. Durch diese schwierige Herausforderung ist die FDP in eine neue Rolle gelangt, welche sie allerdings auch immer noch am Suchen ist. Langfristig wird es vermutlich nicht genügen, einfach nur auf alte Stellungen und Positionen zurückzugreifen. Für die Partei stellt sich heute u.a. die Frage, wie man die gute alte Tradition mit frischen Werten in Verbindung bringen kann (das ist das Problem aller 'alten Parteien' heute – die SVP hat das Problem der Überalterung der 'alten Parteien' scheinbar, oder zumindest vorläufig, erfolgreicher gelöst als die anderen). Immer bedeutender stellt sich derzeit aber eben auch die Frage, wer denn eigentlich die rechten Rechten sind. Sind es die derzeit stark aufkommenden Nationalisten, oder sind es die mittlerweilen althergebrachten Liberalisten? Ursprünglich stand der Freisinn in der Schweizer Politik ja links, gegen die Katholisch-Konservativen auf der rechten Seite, und erst mit dem Aufkommen der Sozialdemokratie rückten die Liberalisten nach rechts und die CVP in die Mitte; die SVP, ursprünglich eine Abspaltung von der FDP, behauptet nun wiederum die Rechte für sich, was die FDP in Zugzwang bringt. Es wird sicher zu Positionskämpfen auf der rechten Seite kommen und vielleicht gerade für die FDP auch zu einer grösseren Zerreissprobe. Wer glaubt, Zäune – wie derzeit etwa in Ungarn und Österreich (u.a.) praktiziert – seien die richtige Massnahme gegen Terroristen und Flüchtlinge, der bedenkt vermutlich nicht allzu gut, was alles mit einer nationalistischen Abschottung im spätmodernen Europa verbunden wäre – bis zu einem Verlust des freien Handels, notabene, dem Kernpunkt im liberalistischen Wirtschaftskonzept. Zwischen dem Liberalismus (also der FDP) und dem Nationalismus (also der SVP) tut sich auch hier ein grosser, tiefer und essenzieller Graben auf, denn das sind zwei sich letztlich widerstreitende Auffassungen, welche aber beide heute v.a. auch gegeneinander um den Einfluss in der Wirtschaft kämpfen. Die FDP hat für die Zukunft verschiedene Optionen: sie kann die konservative Partnerschaft mit der SVP beibehalten, hat aber im Grunde auch jede andere Option – eine Mittepartnerschaft mit der CVP, was ja auch der alten klassischen Mittepartnerschaft entspräche, oder sogar eine progressive (sozial-liberale) Partnerschaft mit der SP oder auch eine (grün-liberale) Partnerschaft mit den Grünen. Partnerschaften mit linken Parteien wird die FDP aus ideologischen Gründen vermutlich nicht eingehen, besonders die verstärkte Aufnahme von grünen Anliegen würde aber dem Zeitgeist eigentlich entsprechen, wie die Gründung der Grünliberalen Partei zeigt. Liberal sein, könnte auch bedeuten, sich alle Optionen für allfällige Partnerschaften offenzuhalten.

Ebenso auffällig wie fragwürdig ist in der Schweizer Politik die Bezeichnung von 'Bürgerlichen' – und ergo auch: Unbürgerlichen. Parteipolitisch ist damit ein Schulterschluss zwischen SVP, FDP und CVP gegen die Linke gemeint. Historisch kommt die scharfe Trennung von Marx, heute aber wird sie auch gebraucht als rechte Diffamierung gegenüber den Linken. Ich finde, man sollte mit solcher antikommunistischer Rhetorik in der Schweiz aufhören (die Kommunisten spielen in der Schweizer Politik heute eine geringere Rolle denn je). Um den Begriff vom 'Bürgerlichen' gibt es in der Schweiz mittlerweilen einen richtigen Mythos – und es ist einer der bedeutendsten Mythen der modernen und aktuellen Schweizer Politik. Ursprünglich ist die Wendung des Bourgeois von Marx und dessen kommunistischer Theorie bekannt: als Kapitalist und Ausbeuter wider den Begriff des Arbeiters oder Proletariers. Eine Unterscheidung zwischen dem Bourgeois und dem Citoyen kommt jedoch bereits bei Hegel und bei Rousseau vor, und dieser verweist sogar noch weiter zurück: auf die 'Alten' (also deutlich auf eine Zeit sogar vor der Bürgerrevolution), welche diese Unterscheidung schon gemacht hätten. Die Unterscheidung der Begriffe sei schwierig, und sie würden auch oft vermischt, meinte Rousseau. Der Bourgeois scheint dabei immer ein etwas gehobener und besserer Bürger zu sein, der Citoyen dagegen der gewöhnliche Bürger. Die (schon ursprünglich) enge Anlehnung der Schweizer Politik an die (französische) Bürgerrevolution könnte hauptverantwortlich sein für diese bis in die heutige Zeit erhaltenen Begriffseigenheiten. Ob Liberalist oder Sozialist: letztlich sollten doch beide v.a. die Eidgenossenschaft hochhalten (dazu engagieren sie sich doch in der Schweizer Politik). Man sollte also von den 'Bürgerlichen' eine Aufgabe einer elitaristischen Rhetorik verlangen, von den Linken aber auch, dass sie sich ihrerseits nicht übertrieben gegen das 'Bürgerliche' wenden, denn die unglückliche Wendung von Marx bedeutete natürlich auch eine Wendung gegen die französische (Bürger-) Revolution, und das ist sehr schlecht (und für mich sogar auch der Hauptgrund dafür, dass die russische Revolution keine bürgerliche Gesellschaft hervorgebracht hat). Für mich stehen immer noch die bürgerlichen Werte von Freiheit, Gleichheit und Brüderlichkeit im Vordergrund von republikanischen und demokratischen Staaten. Davon sollte man ausgehen, auch mit allen linken Zusätzen. Schwierig ist auch der Begriff der 'Freiheitlichen', denn dieser Begriff wird von allen politischen Grundbewegungen –

dem Liberalismus, dem Christentum (mit dem Freiheitssatz Pauli) wie auch dem Sozialismus (mit der Selbstverwirklichungsidee bei Marx) beansprucht. Der Begriff der Freiheit ist natürlich einer der schwierigsten Begriffe überhaupt, auch und gerade in der Politik. Wahre Bürgerlichkeit bedeutet jedenfalls nicht reine Liberalität, sondern das bürgerliche Credo hat eben drei gleichwertige Faktoren. Und was wir brauchen sind weder reine Liberalisten noch Neoliberalisten, sondern: Liberaldemokraten (im Gegensatz oder Ausgleich zu den Sozialdemokraten – ich hoffe, dass sich die FDP vom demokratischen Grundverständnis nicht wegbewegt).

2.5. Die CVP als Entscheidungsträgerin in der Mitte

Als mittlerweilen traditionelle Mittepartei ist v.a. auch die CVP ein wichtiger Stabilitätsfaktor in der Schweizer Politik. Sie beschränkte sich aber in der letzten Zeit fast nur noch darauf, ihre Position zwischen den Blöcken auszuspielen und verzichtete weitgehend auf bedeutendere eigene Impulse (das hat sich rund um diese Wahl 2015 ein wenig verändert, aber nur ein wenig). Erwarten würde man von der CVP eigentlich, dass sie eine viel aktivere Mitteposition einnehmen würde (ich denke, dies ist möglich und auch wichtig). Statt nur je nach Situation die rechte oder die linke Position zu stützen, sollte sie vermehrt versuchen, ihre eigentliche Position durchzubringen (wo sie diese überhaupt noch hat - vielleicht müsste man da einmal tüchtig über die Bücher gehen [das gilt aber derzeit vermutlich eben für alle Parteien, ausser der SVP, die moralisch über die Bücher gehen sollte, während es bei den anderen Parteien um Fragen der Inhalte und sogar der reinen Identität geht]). Das ständig abnehmende Interesse für das Christentum und dessen Themen wird von der CVP eigentlich kaum bis gar nicht behandelt! Immerhin ist doch das 'C' im Namen die entscheidende Grösse dieser Partei. Einigermassen interessant ist aber auch das 'V' im Namen der Partei. In der Schweiz waren die christlichen Parteien nämlich ja die ersten, welche sich als Volksparteien bezeichneten, mit der CVP 1894/1912 (unter mehreren Namensänderungen) sowie der Evangelischen Volkspartei EVP 1919. Die SVP hat diese Bezeichnung erst 1971 sehr erfolgreich übernommen. Das

Vorbild einer sehr erfolgreichen Volkspartei – mit spezifischer Bezeichnung als Volkspartei – ist eigentlich die Österreichische Volkspartei nach dem Zweiten Weltkrieg, während in Deutschland Volksparteien eine gewisse, wenn auch eher kleinere Rolle in der alten ersten Demokratiephase der Weimarer Republik (1919-1933) spielten (im heutigen Deutschland gibt es keine ausdrückliche Volkspartei mehr, dagegen bezeichnen die Deutschen in einem Allgemeinbegriff heute alle grossen Parteien als Volksparteien). Vergleicht man die heutige SVP mit der CVP (und/oder der ÖVP), so sieht man, dass solche Volksparteien letztlich verschiedene Ausrichtungen haben können (im Namen enthalten ist aber v.a. der Wunsch, das gesamte Volk anzusprechen und nicht bloss eine spezifische Wählerschicht).

Man stellt heute zwar praktisch bei allen Parteien fest, dass sie im Lauf der Zeit ihre Grundeinstellung ein wenig vernachlässigen, bei der CVP ist das aber sicher besonders brisant. Sie gehörte auch letzthin fast immer zu den Wahlverlierern, trotzdem kann sie im Schweizer System aufgrund ihrer Mitteposition immer wieder das Zünglein an der Waage spielen: eine seltsame, aber natürlich auch sehr interessante Position – die CVP war ebenso massgeblich beteiligt bei der spektakulären Blocher-Abwahl 2007 wie auch beim Rücktritt von Frau Widmer-Schlumpf 2015. Zumindest wenn es um die grossen Manöver ging, war die CVP eben gar nicht so inaktiv, wie es von aussen her erschien. Bemerkenswert ist dabei auch, dass sich die Medien nicht mehr für eine so interessante und entscheidende Partei interessieren. Eigentlich sollte die CVP heute gegen die SVP um das Vorrecht des Volksparteibegriffs streiten – auch hier aber ist die CVP sehr zurückhaltend in der Defensive. Ist es das alte politische Christenproblem, dass sich die Christen eher mit der Macht arrangieren, als auf ihrer eigenen Position zu beharren? Vielleicht sollte man dies eben manchmal auch tun. Aber: die CVP steht ebenfalls im Zentrum dieser ganzen Wirren der letzten Zeit und nicht nur die SVP! Ohne die CVP hätten die Rechten den zweiten SVP-Bundesratssitz nicht erreicht: sie wären deutlich unter 50% geblieben, haben nun aber im Bundesrat eine absolute Mehrheit. Es stellt sich dazu natürlich die Frage: sollte man eine solche Mehrheit für eine politische Seite im Bundesrat, sei es rechts oder links, nicht erst bei einer relativ klaren Mehrheit im

Volk vergeben?, und nicht bereits dann, wenn überhaupt noch gar keine Mehrheit da ist: das ist doch eine recht seltsame (und vielleicht sogar etwas gefährliche) politische Mathematik, in einer Zeit, in welcher viele politische Dinge sich mit kleinen Mehrheiten auf einem relativ schmalen Grat bewegen. Im Bundesrat hat die CVP ihren einst so grossen Einfluss nun verloren (während im Parlament ihre zuvor sehr komfortable Lage nun etwas weniger komfortabel geworden ist). Die CVP ist jedoch noch immer, und scheinbar immer wieder, das Flaggschiff in der Mitte, welches davon träumt, eine ähnlich grosse Stellung einzunehmen wie die CDU/CSU sie in Deutschland hat, aber in nächster Zeit wohl doch eher ihren letzten Bundesratssitz verteidigen muss. In der Mitte stellen sich derzeit aber auch sonst grosse Fragen. Alle Mitteparteien (CVP, BDP, GLP) sind nach den Wahlen 2015 auf Verliererkurs, und dies entweder schon länger und/oder aber relativ klar diesmal. Kann man sogar einige Auflösungstendenzen in der aktuellen Mitte erkennen? Vielleicht stehen wir mit dem Rücktritt der BDP-Bundesrätin – plötzlich und unverhofft – eigentlich schon mitten in einem Zwei-Parteien- bzw. -Blöcke-System. Dies würde nun aber mehr oder weniger alles über den Haufen werfen in der Schweizer Politik! Diese steckt vermutlich viel tiefer in der Bredouille, als sie sich das im Moment vorstellen kann. Klar ist auf jeden Fall, dass das System auf die heutigen Erschütterungen reagieren muss, zumal: wenn sich diese bei den nächsten Wahlen fortsetzen sollten, und dies ist zumindest mittelfristig ein mögliches – für mich indessen wenig wünschenswertes – Szenario für die Schweizer Politik der Zukunft. Natürlich trete ich weiterhin für ein differenzierteres System ein, wie es die Schweiz heute hat. Man muss immer wieder sagen, dass eine solche Systemänderung auch sehr gefährlich sein könnte, denn das Schweizer System ist mittlerweilen ein äusserst ausgeklügeltes wie auch eingespieltes System, welches heikel selbst auf kleinere Systemänderungen reagieren könnte. Wenn man Systemänderungen vornehmen möchte, dann sollte dies nach reiflicher Überlegung und Diskussion erfolgen, und auch mit der notwendigen Feinabstimmung, und nicht nur – hauruck, quasi – aus irgendeiner aktuellen Laune heraus.

2.6. Die unterschätzte SPS und die Bedeutung der Soziologie

Die Rechte in der Schweiz unterschätzt die SPS (kurz eigentlich: SP) permanent, v.a. wohl deswegen, weil sie im Bundesrat stets in einer relativ krassen Minderheit war und auch mit ihren Initiativen selten durchkommt (dagegen setzt sie immer wieder andere grosse Akzente, z.B. bei der Wahl 2007 von Frau Widmer-Schlumpf, oder ebenfalls etwa beim Eklat vom damaligen Parteipräsidenten Bodenmann in einer politischen Sendung des Schweizer Fernsehens 1995 [als Reaktion auf die Weissbücher der Wirtschaftsführer]). Die Linke hat zwar noch nie eine Mehrheit im Bundesrat gehabt, aber sie ist andererseits nun bereits seit 1944, d.h. seit rund 70 Jahren, ununterbrochen an der (Exekutiv-) Regierung beteiligt. Beides ist fast einmalig in Europa: andere sozialdemokratische Parteien kommen stärker an die Macht, aber weniger lange. Die Schweizer Sozialdemokratie hat daher auch ein relativ geringes Macht-, dafür aber ein sehr hohes Beteiligungsverständnis. Die Sozialdemokratie geht heute allgemein eigentlich von einem Revisionismus aus: dabei wird keine marxistische Revolution mehr angestrebt, sondern bloss noch sozialpolitische Reformen, d.h. man strebt nicht mehr einen reinen Sozialismus an, sondern man bemüht sich um soziale Reformen in einem bzw. im gegebenen politischen Mischsystem, wozu auch der Begriff der Sozialen Marktwirtschaft gehört (wie er v.a. in Deutschland im 20. Jahrhundert im Vordergrund stand, während in der Schweiz von der Rechten weiterhin – gegen jegliche Akzeptanz eines Mischsystems – der reine Begriff der 'Bürgerlichen' hochgehalten wurde (und damit eigentlich die Vorstellung und der alte Begriff von einer Freien Marktwirtschaft). Gemeint ist mit einer Sozialen Marktwirtschaft begrifflich ein sozialer Liberalismus, während auf der anderen Seite ein liberaler Sozialismus stehen würde (ergo: mit einer Liberalen Planwirtschaft). Tatsächlich propagiert die SP derzeit aber einen demokratischen Sozialismus, was für mich so tönt, als wolle man das heutige Gesellschaftssystem auf demokratischem Weg in einen Sozialismus umgestalten, was eigentlich nicht einer revisionistischen Ansicht entsprechen würde (und eigentlich gegen ein Mischsystem gerichtet wäre). Ich würde dagegen den aktuellen Zustand – welchem eigentlich sogar eine doppelte Mischform entspricht (Demokratie/Oligarchie, Liberalismus/

Sozialismus) – ebenso verteidigen wie auch verbessern wollen. Natürlich gibt es ein gewisses Problem zwischen dem Kapitalismus und der Linken heute immer noch. Der Konflikt ist klar vorhanden: denn das ist die Zeit der grossen Neuorientierung, wie sie v.a. in den ökologischen Fragen heute vom Menschen verlangt wird. Wir müssen nachwievor von einer Wirtschaft des soziologischen und ökologischen Ausgleichs sprechen. Ich verwende dabei bewusst den Begriff der Soziologie, nicht jenen des Sozialismus, da ich der Meinung bin, dass die sozialen Fortschritte des 20. Jahrhunderts auch wissenschaftlich gesichert werden sollten. Ich denke, dass wir mit einer besseren Geisteswissenschaft der Soziologie weniger Fehler in der Politik machen würden. Die Linken sollten allerdings auch für eine ausdrücklich oder möglichst ideologiefreie Soziologie einstehen, denn alles andere bringt keine wahre Soziologie und damit auch keinen wahren soziologischen Fortschritt. Ich plädiere also für eine soziologische Evolution statt eine sozialistische Revolution (zumal dies heute sowieso nicht mehr die Zeit für Revolutionen ist, jedenfalls nicht im abendländischen Westen [und die grosse Revolution ja eigentlich schon gemacht wurde – es gilt sie nur noch adäquat umzusetzen]).

Das interessanteste Buch im Wahlkampf 2015 stammte (meiner Ansicht nach) vom prominentesten linken Quereinsteiger, einem langjährigen Schweizer Botschafter im Ausland: "Die politische Konfrontation hat sich in den letzten Jahren verschärft. Der Rechtspopulismus hat die liberalen Grundwerte oder – altmodisch formuliert – den politischen Anstand aufgekündigt. [...] Wir verlieren langsam die innere Kohäsion. [...] Ja, ja, unsere Rechtspopulisten liegen im europäischen Trend. [...] Für mich steht heute das Ende der Gemütlichkeit fest. [...] Die Souveränität ist eine Illusion." [Tim Guldimann: "Aufbruch Schweiz! – Zurück zu unseren Stärken"]. Das müssen wir wohl so sagen: dass es mit der Gemütlichkeit und Behaglichkeit der Goldenen Zeit (zumindest stimmungsmässig) vorbei ist. In der Entwicklung Europas konnte – gerade in der Schweiz, aber eigentlich in ganz Europa – ein besserer sozialer Ausgleich geschaffen werden, als es ihn je auf Erden gab (ausser vielleicht in den sehr frühen und/oder primitiven Kulturformen, auf einem ökonomisch und technisch viel tieferen Niveau, natürlich). Das ist zwar immer noch weit vom Ideal entfernt, aber doch besser im Vergleich zu früheren Zeiten. So konnte man von einer relativ guten sozialen Integration in Europa sprechen – dies sollten übrigens jene auch sehen, welche Europas Kulturpolitik derzeit kritisieren – und das gab diesem Europa auch einen starken Rückhalt (und eine Art von normaler, aber eben halt auch ein bisschen trügerischer Sicherheit). Europa und die westliche Welt haben jedoch die übrige Welt vergessen. Die soziale Internationale hat eigentlich nichts an ihrer Bedeutung verloren. Wir stehen heute vor einer sehr schwierigen Zeit, in welcher ein besserer globaler Ausgleich geschaffen werden muss. Es kommt einem irgendwie seltsam vor, dass man solche Dinge, auch im 21. Jahrhundert noch immer sagen muss – so gross und hoch schätze ich den Wechsel vom zweiten ins dritte Jahrtausend nach Christi Geburt tatsächlich ein – aber man muss es immer wieder sagen, und ich kann nicht einen solchen Text über politische Belange der Schweiz zu dieser Zeit schreiben, ohne es zu sagen. Es gilt die langfristige Perspektive und das Ideal, auf welches sich zu hoffen lohnt, im Auge zu behalten (auch wenn es sich letztlich schwieriger gestaltet, als man sich dies anfangs vorgestellt hat). Freiheit, Gleichheit, Brüderlichkeit!

2.7. Die GPS und das eigentliche Thema der Zeit

Die Grünen, welche das eigentlich aktuelle politische Thema in der Hand hätten, werden gegenüber der SVP am anderen Ende des Parteienspektrums gesehen: links aussen – obwohl dort eigentlich die (kommunistische) PdA hingehörte, welche aber heute zu den Kleinstparteien zählt, und daher nehmen die stärkeren Grünen derzeit diese Stellung links aussen im Parlament ein. Es scheint in der Logik des Systems zu liegen, dass die Rechtsaussenposition nicht einfach nur eine Erweiterung der rechten Position ist, sondern mit dem heutigen Nationalismus ein eigenständiges Thema anbietet, und ebenso ist das linksaussen, wo die Ökologie zum Kernthema geworden ist. Zum alten Gegensatz zwischen dem Liberalismus und dem Sozialismus hat sich also ein neuer und aktueller Gegensatz ergeben, zwischen dem Nationalismus und dem Ökologismus. Diese beiden Richtungen stehen sich zwar nicht unbedingt direkt entgegen, aber man kann doch festhalten, dass der Ökologismus auch einen gewissen Internationalismus beinhaltet, da es sich hierbei um grenzüberschreitende Probleme handelt – so können wir sehen, dass dieser Gegensatz heute tatsächlich eine gewisse Relevanz hat. Eigentlich könnte man sowohl den Nationalismus wie auch die internationale Ökologie auch als richtungsneutral betrachten (wie auch Beispiele zeigen: z.B. die Grünliberalen oder der Nationalismus der realexistierenden Kommunisten), doch haben sich diese Themen eben so in das heutige System eingefügt, wie das geschehen ist (daran ändern auch Grünliberale meiner Meinung nach nicht allzu viel, denn: wenn wir eine ökologische Grundeinstellung suchen, dann wohl eher immer noch beim Original: bei der GPS, und dieses Selbstverständnis muss das Original auch unbedingt behalten). Die Wahlen 2015 waren für die grüne Bewegung ein sehr grosser Frust. Wie kann man nur das Unthema der Zeit, einen übersteigerten Nationalismus (wider die Supranationalität), wählen und gleichzeitig das eigentliche Thema der Zeit, die Ökologie, abwählen? Der Grund lag eben in (von den Medien transportierten) Befürchtungen und Ängsten rund um diese Wahlen 2015. Dass die Grünen grosse Mühe haben, aus dem Status von einer Randpartei herauszukommen, hat wohl verschiedene Gründe. Ein Grund liegt darin, dass die Welt- und Gesellschaftsvorstellung der Grünen zu wenig bekannt – und vielleicht sogar auch noch etwas zu wenig ausgearbeitet – sind (vielleicht würden sie aber auch viel zu utopisch tönen, wenn sie ausgearbeitet würden, so dass man aus diesem Grund darauf verzichtet [es gibt zwar eine ökologische Philosophie, doch diese hat bisher eine sehr untergeordnete Rolle gespielt]). Daher gibt es viele Leute, welche grüne Anliegen heute eigentlich begrüssen, dagegen ein grünes Weltbild doch eher ablehnen.

Trotzdem: die Wahlniederlage der Grünen ist das eigentlich Unverständliche bei diesen Wahlen – und manche denken nun vielleicht, das ökologische Thema sei bereits wieder veraltet: was für ein fundamentaler Irrtum! Die grüne Bewegung ist nicht nur bedeutend für die aktuelle Abwendung der gefährlichen Kernenergie, sondern auch die erste Möglichkeit seit 1944, etwas frischen Wind in den Bundesrat zu bringen: ich habe derzeit jedoch einige Mühe, mir weiterhin vorzustellen, dass dies tatsächlich noch irgendwann geschehen wird. Die neuen Kräfte kommen allgemein in der Schweizer Politik derzeit nicht recht weiter, und die alten Kräfte stehen offenkundig in immer mehr Fragen vor dem Ende ihres Lateins. Die reaktionären Kräfte versuchen sich progressiv darzustellen: über ein entsprechendes Marketing hinaus kommen sie aber damit nicht wirklich – wie sollten sie auch? Die Zeichen in Europa (und in der Welt), welche schon diese schweizerischen Wahlen 2015 stark beeinflusst haben, bleiben schwierig, gerade auch in den Fragen des heute so wichtigen Natur- und Umweltschutzes. Zudem konnten die Grünen zuletzt die Früchte ihrer Arbeit nicht ernten: das Thema der Energiewende wurde, der Politik von CDU-Bundeskanzlerin Merkel in Deutschland folgend, v.a. von der CVP aufgenommen (ähnliches geschah mit der [direkt-] demokratischen Bewegung im 19. Jahrhundert, indem die anderen Parteien deren Thema aufnahmen und die Demokratische Partei dann für immer eine Kleinpartei blieb, welche es nie bis in den Bundesrat schaffte und sich schliesslich 1971 gänzlich auflöste). Auch den Grünen könnte es so ergehen, wobei allerdings – gerade mit diesen Wahlen 2015 – noch überhaupt nicht klar ist, ob die anderen Parteien die angekündigte Energiewende nun auch wirklich weiterziehen. Es gibt in diesen Fragen glücklicherweise aber nicht nur die nationalen, sondern auch internationale Bestrebungen und Entscheidungen, und diesen wird man sich langfristig kaum entziehen können (weder in der Schweiz noch in anderen Staaten). Die Internationalität der grünen Anliegen ist hingegen für die Grüne Partei auch wiederum ein Problem. Ein wesentlicher Faktor im Rückgang des Interesses der Leute an der grünen Partei dürften die stark gewachsenen Umweltorganisationen sein – die grossen (politischen) Aktionen im ökologischen Bereich gehen heute von diesen aus und nicht mehr von den Parteien (wie anfangs bei der Anti-AKW-Bewegung [es scheint immer Bewegung, Aktion und Stimmung zu sein, welche die Jungen besonders anzieht]). Und daher wäre man – nachdem man anfangs auf grossen Aktionismus gesetzt hatte – heute wohl sehr froh über eine bessere ökologische Philosophie (die nun halt eben fehlt für die Nachhaltigkeit von grünen Anliegen). Jüngst haben die Schweizer Grünen verkündet, dass sich die Jugend in der Schweiz heute weniger für grüne Anliegen begeistern lasse als früher und der Partei daher der Nachwuchs

fehle. Das zeigt, wie sich die politischen Kräfte in den nächsten
Jahren und Jahrzehnten verschieben könnten (d.h. noch mehr
rechtspopulistisch und noch weniger grün!?, aber: es kommt ja
sowieso immer ganz anders, als man denkt, und in der Politik
neigt man besonders dazu, die momentane Stimmung in den
Voraussagen auf eine ferne Zukunft hin zu extrapolieren – demgegenüber ist die politische Stimmung ja immer, und auf alle
Seiten hin, sehr fragil). Die Internationalität, wie auch die (zukünftige) Zeitlosigkeit des Themas, lassen uns letztlich erwarten,
dass das grüne Thema, unabhängig eigentlich vom direkten
und/oder heutigen Erfolg, auch in der Politik der Zukunft eine
bleibende und grosse Rolle spielen wird (denn das ökologische
Problem ist ein Problem, welches den Menschen, der ewig mit
seinen eigenen Grenzen kämpft und spielt, nicht so rasch los-
lassen wird). Und dann gibt es ja durchaus auch noch einen
ökologischen Traum, der eine gewisse Rolle spielen könnte in
der ökologischen Bewegung der Zukunft (falls wir Träume
überhaupt erwähnen dürfen in einer politischen Publikation –
aber sie leben ja irgendwie alle in der Politik auch von ihren
Träumen: vom liberalistischen Traum, vom sozialistischen
Traum, und auch vom [ur-] christlichen Traum, und von all den
anderen Träumen, die in der Politik ferner auch eine gewisse
Rolle spielen).

2.8. Paradies perdu und/oder europäisches Vorbild?

Während vieler Jahrzehnte gewöhnte man sich in Europa – und
auch die Schweizer selber taten dies grösstenteils – daran, dass
die Schweiz das verlässlichste Land Europas und der Welt ist:
ein ruhiges, friedliches kleines Land, in welchem gejodelt wird
auf den Bergen und gerackert in den Banken und Versicherun-
gen. Derzeit hört man, Umfragen zufolge, immer wieder, dass in
der Schweiz die glücklichsten Menschen der Welt leben würden
(wobei besonders positiv etwa auch erwähnt wird, dass es in der
Schweiz viel weniger Ghettobildung von Migranten gibt als in
anderen Ländern – dass sich diese also besser integrieren in die
Schweizer Gesellschaft als in andere Gesellschaften). Warum
gibt es doch aber gerade in der Schweiz immer wieder so viel
beissende Gesellschaftskritik in der Kunst und Kultur: man den-

ke an Gotthelf, Loosli, Spitteler, oder im 20. Jahrhundert: Max Frisch (mit dem goldenen Kalb und den Herrenmenschen), Friedrich Dürrenmatt (mit dem Gefängnis und dem Irrenhaus), der kritische Philosoph Hans Saner (mit seiner Rede von einer verfallenden Demokratie) oder der grosse Liedermacher Mani Matter (mit weiss Gott was allem: vom herzbluttrieffenden Tellenbach bis zur blutigen Tell-Aufführung). In der Kultur zeigt sich kritisch immer wieder eine etwas andere Schweiz: eine Schweiz, die Fragen aufwirft. Zwei junge Schweizer Kultur-schaffende präsentierten 2012 einen Film namens "Image Problem", welcher sich auf ein schlechter werdendes Image der Schweiz im Ausland bezieht (und der Film "Heimatland", 2015, zeigt sogar, sehr überzeichnet, eine apokalyptisch anmutende Schweiz). Demgegenüber war in den bisherigen 2000-er Jahren auffallend oft sogar von der Schweiz als einem Paradies auf Er-den die Rede – dieser Begriff taucht zu dieser Zeit tatsächlich immer wieder auf (das zeigen aktuelle Buchtitel wie "Aufruhr im Paradies – Die neue Zuwanderung spaltet die Schweiz", 2011, oder: "Paradies perdu – Wie die Schweiz ihr Bankgeheim-nis verlor", 2010). Was für eine verrückte Anmassung!? Es ist nicht Zeit für das Paradies zu dieser Zeit – wie uns das ganze Weltgeschehen immer wieder zeigt. Das vermeintliche Paradies steht derzeit einem krisengeschüttelten Europa gegenüber. Die Schweiz war schon immer ein Sonderfall – auch im Alten Euro-pa – und sie ist es heute noch; die Frage ist, in welche Richtung sich dieser Sonderfall derzeit bewegt, und ob er zu einem einigermassen verträglichen Einvernehmen mit der EU kommen kann. Wovor soll man sich (als Schweizer) nun mehr fürchten in diesen Tagen: vor einem neuen überdimensionierten europäi-schen Koloss – wie es seinerzeit das altrömische Reich war, oder später auch die feudalistische Adelsherrschaft (inkl. dem Habsburgerreich, notabene) – oder von einer überdimensionier-ten Schweizerischen Volkspartei SVP in einem abgeschotteten Binnenland? Einerseits bin ich – dem Frieden in Europa zuliebe – ein klarer Befürworter der EU, denn die reinen Nationalitäten haben zu den schlimmsten Kriegen geführt, welche die Welt je erlebt hat, und daher scheint es heute Zeit zu sein für die (zu-sätzliche) supranationale Ebene (ohne die Nation zu verwerfen, sondern: in der Relativierung der Nation [dies wiederum ist ein europäischer Standpunkt, welcher vielleicht anders zu bewerten ist in anderen Gegenden der Welt, wo die Schwächung von Nationen – ohne adäquate supranationale Strukturen – heute verheerende Folgen haben können, wie einige Beispiele bereits zeigen; dies ist andererseits wiederum ein Grund zur Förderung von supranationalen Strukturen in Europa und in der Welt überhaupt!]). Im Gegensatz zu den alten Grossstrukturen in Europa hat die EU zumindest eine hehre und einsehbare Grundlage, nämlich die Abkehr vom kriegerischen Europa der letzten Jahrhunderte. Die eine Frage ist also, worauf diese EU genau hinausläuft (und diese Frage ist zum heutigen Zeitpunkt natürlich noch kaum bis gar nicht zu beantworten), und die andere Frage, wie stark die SVP mit ihren extremen Haltungen und ihrer teils chaotischen Politik die politischen Strukturen der Schweiz gefährden und beschädigen wird. Die Zauberformel hat sie bereits gesprengt, und was mit dieser Sprengung zusammenhängen wird, das können wir heute weder wissen noch ahnen oder irgendwie abschätzen.

Was aber werden Europa und die Welt denn eigentlich von der Schweiz verlangen? Sie erwarten sicher von der Schweiz nicht bloss irgendwelche gegenseitigen Kompromisse, sondern die Integration in ihre Sache (und da wird es für die Schweiz ein bisschen schwieriger werden, gute Lösungen hinzukriegen). Kann die Schweiz, wie manche sagen, demgegenüber mit ihrer föderalistischen Struktur und ihrer hochentwickelten Demokratie ein Vorbild für Europa sein? Ich bin etwas vorsichtig mit einer solchen Aussage, denn man muss eben halt die besondere Geschichte der Schweiz kennen, um zu wissen, wie sie das geworden ist, was sie heute ist (mit allen Vor- und Nachteilen dieser heutigen Schweiz). Die Schweiz kann aber sicher der EU und auch einzelnen Ländern – in Europa und überall in der Welt – zeigen, dass ein friedliches und erfolgreiches Zusammenleben zwischen Menschen verschiedener Herkunft und Kultur in derselben Gesellschaft möglich ist (und ich hoffe natürlich, dass auch die Integrationsarbeit in der aktuellen Migrationsbewegung dasselbe Resultat erbringen wird). Der Schweiz ist dies (bisher) gelungen, ohne einen übertriebenen Nationalismus zu zeigen. Sondern: mit der richtigen Kontinuität hat sie einen starken und stabilen Staat errichtet und erhalten (und das ist keinesfalls selbstverständlich, auch und gerade im Herzen Europas nicht, welches die Schweiz heute zusammen mit Österreich bildet). Die Welt von heute kann dieses Vorbild vielleicht brauchen, denn wir sehen, welch schreckliche Dinge passieren können, wenn moderne Staaten zerfallen (derzeit v.a. am Beispiel Syriens, wo wirklich katastrophale Zustände herrschen, was zu einem grossen Flüchtlingsstrom nach Europa führt). Andererseits muss man auch darauf hinweisen, dass zuerst Napoleon Bonaparte und später die Grossmächte Europas die Schweiz nach dem Untergang der Helvetischen Republik in der ersten Hälfte des 19. Jahrhunderts (in diesem ganzen damaligen Kantönliwesen und -geist) sogar mit einigem Druck fast zu einer nationalen Verfassung und damit zu ihrem zukünftigen Glück drängen mussten. Wir müssen also – nicht nur deshalb – Europa auch dankbar sein dafür, dass die Schweiz heute als ein Vorbild für die Nationen der Welt betrachtet werden kann (denn ohne den Bundesstaat wäre die Schweiz heute vielleicht – oder eher: vermutlich – auf der Landkarte gar nicht mehr zu finden). Man möchte zu dieser Zeit niemandem eine Demokratie oder gar eine Direkte Demokratie aufzwingen, aber: die Schweiz ist zumindest ein Beispiel dafür, dass die Vielfältigkeit auch eine Chance sein kann, denn es sieht fast so aus, als ob gerade erst die kulturelle Vielfalt und deren Herausforderung die moderne Schweiz geeint hat (nach den grossen religiösen Konflikten vorher) – als eine Chance auf bessere Möglichkeiten und Mittel der Verständigung (das ist eine europäische Idee von der Schweiz). Möge sie diesen – ihren (modernen) – Gedanken nicht aus den Augen verlieren.

2.9. Vom grossen Süd-/Nord-Konflikt in der Welt

Was wir derzeit in der Welt sehen, ist der Beginn eines längeren Süd-/Nord-Konflikts, welcher jetzt verstärkt aufkommt (und welchen man derzeit nicht nur global, sondern auch bedeutend innerhalb der Europapolitik wachsen sieht), nachdem der alte Ost-/West-Konflikt zumindest in seiner schlimmsten Ausprägung – dem Kalten Krieg – gelöst erscheint (nicht dass er verschwunden wäre damit, aber er ist weniger latent vorhanden bzw. hat seinen Zenit wohl bereits überschritten. Während der Ost-/West-Konflikt ein sehr komplexer Ideologien- und Glaubensstreit war, wäre der Süd-/Nord-Konflikt leichter zu lösen, denn es handelt sich eigentlich weder um einen Religionsstreit noch um einen Kulturkampf, sondern in erster Linie eher um ein Wohlstands-, Geltungs- und Anerkennungsproblem. Es gibt zwar auch das Argument eines Kulturkampfes (vgl. Samuel P. Huntington), ich halte aber dieses Argument letztlich für weniger relevant als das ökonomische. Das immer noch viel zu grosse Wohlstandsgefälle zwischen dem Süden und dem Norden der Welt ist der tiefere Grund für diesen aufkommenden Süd-/Nord-Konflikt zu dieser Zeit. Theoretisch wäre das ziemlich einfach zu lösen mit einer besseren Weltorganisation und einer besseren ökonomischen Verteilung der Güter, wie wir sie innerhalb der begüterten Welt ja auch haben, praktisch jedoch ist es wohl einiges schwieriger, und wiederum dürfte auch dieser Konflikt lange Zeit dauern (der andere dauerte rund 1000 Jahre, vom grossen morgenländischen Schisma 1054 bis zum Fall der Berliner Mauer und dem Ende des realexistierenden Kommunismus in Osteuropa zwischen 1989 und 1991/92 – man kann nur hoffen, dass es diesmal nicht ganz so lange geht [problematisch ist aber, dass dieser Konflikt durch ökologische Probleme sogar noch deutlich verschärft werden könnte!]). Der Grund dafür, dass dieser Konflikt gerade jetzt auftritt bzw. bedeutender wird, ist in der im 20. Jahrhundert stark verbesserten Verkehrs-/ Transport- sowie Informations-/Kommunikationstechnologie zu sehen. Die ganze heutige sogenannte Globalisierung ist eine Folge der technischen Fortschritte (v.a.) auf diesen Gebieten.

Die Menschheit steht sicher vor einer schwierigen Zeit heute, auch wegen der Vergangenheit im 20. Jahrhundert: sie stand in zwei schlimmen Weltkriegen ja eigentlich schon am Rande des Wahnsinns und des Abgrunds. Heute fürchtet sie sich vor einem Dritten Weltkrieg und ferner – langfristig – auch vor einer grossen Klimakatastrophe. Meine Hoffnungen für die Welt verbleiben bei der UNO. Eine andere Lösung, als eine gut funktionierende Weltorganisation, sehe ich nicht. Jedoch sind noch viele Mängel in dieser Weltorganisation zu beheben. Man konnte letzthin sogar feststellen, dass die UNO, wo die wahre Diskussion von allen mit allen stattfindet bzw. stattfinden muss, noch mehr an Einfluss verloren hat, während verschiedene Institutionen anderer Art, welche ausserhalb der UN-Organisation stehen, bedeutender geworden sind (G7, G8, G10, G20, WEF, u.a. – dies sind allesamt Institutionen, in welchen vordergründig oder sogar nur die Reichsten und Mächtigsten vertreten sind; der US-amerikanische Vizepräsident meinte beim WEF 2016 etwas gar salopp, das WEF sei praktischer als die UNO, was vielleicht andeutet, dass die Hoffnungen der US-Amerikaner in die UNO auch schon grösser waren). Der grosse (Wunsch-) Traum der Menschen ist und bleibt der Traum vom ewigen Frieden (in Gerechtigkeit). Man muss auch immer wieder darauf hinweisen, dass schon der antike Philosoph Xenophon sagte, die Wirtschaft sei für den freien Handel auf den Frieden angewiesen. Die Wirtschaft hat also das allerhöchste Interesse am Frieden (und am Weltfrieden!). Ein ewiger Frieden bzw. ein wahrer Weltfrieden ist ja auch gar nicht nur ein Wunschtraum der Menschheit, sondern es ist eines der höchsten Ziele der Menschlichkeit. Ein Ziel, notabene, welches nicht am Schluss der Menschheit steht, sondern inmitten der Menschlichkeit. Das Mittel zu einem Weltfrieden ist eigentlich auch bekannt: es ist eben der Völkerbund (bzw. die heutige UNO), welchen der Aufklärungsphilosoph Immanuel Kant in seiner Schrift "Zum ewigen Frieden" bereits 1795 vorgeschlagen hat. Das heisst: wir müssten heute diesbezüglich und überhaupt in der Weltpolitik schon viel weiter sein, als wir es tatsächlich sind – und in der kommenden Zeit müssten echte und grosse Fortschritte zu sehen sein. Darauf hoffe ich, auch wenn derzeit etwas düstere Wolken über dem Horizont der Welt auftauchen – das darf aber nur ein vorübergehendes Problem sein. Was die Welt benötigt, ist eine Stimmung, in welcher ein weltkultureller und -gesellschaftlicher Fortschritt möglich ist. Mit aller Wissenschaft der letzten 400 Jahre konnte zwar die Technik entscheidend verbessert werden, auch für den konkreten Alltag der Menschen, und doch – das zeigt ganz eindrücklich diese turbulente Zeit gegen Ende des Jahres 2015 – ist kein hinreichender sozialer und politischer Fortschritt gelungen; vielleicht noch im abendländischen Westen alleine, nicht aber in der gesamten Welt. Und das wirkt derzeit auf uns zurück. Wir können uns nicht vollkommen abschotten von der übrigen Welt – weder als Schweizer noch als Europäer – sondern: die Welt betrifft uns. Wir möchten ja auch, dass die ganze Welt vom Fortschritt der letzten Jahrhunderte profitiert – jedenfalls jeder vernünftige Mensch möchte dies –

und dass die Menschen überall in der Welt gut leben können, aber so einfach ist das nicht (zumindest zu dieser Zeit noch nicht). Das war ja eigentlich auch das Projekt des Westens: man wollte vorangehen und die Anderen sollten folgen. Wir sollten mehr tun, wie wir heute sehen, angefangen beim Argument des Fairtrade (also: fairer Handel), um den Menschen dies auch wirklich – und überall in der Welt – zu ermöglichen.

3. Kapitel

Die Schweiz von morgen
13 Punkte zur Schweizer Politik

Wie im zweiten Kapitel bereits erwähnt, dienten diese 13 Punkte zur Schweizer Politik anfangs meines politischen Projekts und Engagements als Programm für eine Parteigründung. Dieses Programm besteht eben weiterhin – wenn auch nur noch theoretisch, quasi – als ein (polit-) philosophisches Manifest. Es soll Anregungen bieten zur aktuellen und künftigen Schweizer Politik (aus meiner Sichtweise heraus). Im Frühjahr 2015 war die Idee entstanden, das politische Engagement gegen Ende des selben Jahres – mit dem Kulminationspunkt der eidgenössischen Wahlen 2015 – zu beenden und diese etwas spezielle politische Phase (2010-2015) in einem Buch zu verarbeiten. Immerhin hatte ich während dieser rund fünf Jahre die Politik über die Philosophie gestellt, bin aber auch gegen Ende dieser Phase immer stärker wieder in die Philosophie zurückgekehrt. Die Philosophie liegt mir vermutlich letztlich doch ziemlich viel näher. Immerhin habe ich politisch meine Meinung über eine gewisse Zeit lang mit einigem Einsatz kundgetan, oder zumindest versucht, diese einzubringen*. Die 13 Punkte sowie die anderen Inhalte dieses Kapitels, ausser dem nachträglich hier angeführten Zusatzartikel zur Rechtssetzung in der Schweiz, stammen als solche, trotz einiger weiterer Bearbeitungen, vom Winter 2010/2011, also vom Anfang meines politischen Engagements, während die anderen Texte in diesem Buch erst im Winter 2014/2015 geschrieben wurden, also am Ende desselben – die 13 Punkte sind der eigentliche Kerngehalt wie auch das Hauptinteresse zur Herausgabe dieses Buches.

* Und dies nicht etwa vollkommen in einem luftleeren Raum, sondern auch vor einigen Journalisten und Politikern, u.a., die zumindest meine Webadresse kennen. Ich hatte schon zu einem früheren Zeitpunkt meines Webprojekts die bedeutendsten Medien in der Schweiz und im übrigen deutschsprachigen Raum angeschrieben und während meines politischen Engagements auch die Parteibüros der bedeutendsten Schweizer

Parteien (ferner auch etwa den Gesamtbundesrat sowie auch diese oder jene weitere Person des öffentlichen Lebens), womit eben garantiert war, dass diese Sache nicht gerade abseits von allen Wirklichkeiten und jeglichen Interesses und Bewusstseins stattfinden würde (ich wollte weder zu gross mit der Sache auftreten, noch sie gänzlich abseits stehenlassen, und so beliess ich es marketingmässig, quasi, bei einem Mittelweg – bei ein paar Mitteilungen über das Vorhandensein der Website; immerhin habe ich also insgesamt einen kleinen und bescheidenen Versuch gestartet, was schon sehr viel mehr ist, als die allermeisten Philosophen wagen und tun, so dass ich mir rein philosophisch betrachtet für das Scheitern im Politischen keinen Vorwurf machen muss, während man persönlich natürlich immer etwas enttäuscht ist, wenn man nicht das schafft, was man sich eigentlich vorgenommen hat (aber meistens nimmt man sich ja eben auch etwas zu viel vor, was man dann wieder etwas revidieren muss, und was das Handeln betrifft, gibt es natürlich nicht nur die direkte politische Möglichkeit, sondern auch andere Möglichkeiten, wobei ich nicht unerwähnt lassen möchte, dass die politische Handlung vielleicht die beste und vorzüglichste ist oder wäre). Politisch wäre alles für mich natürlich sehr viel einfacher gewesen, wenn ich einer bereits bestehenden Partei hätte beitreten können, und das wäre für mich eigentlich der Landesring der Unabhängigen LdU gewesen. Ich habe mir sehr viel früher einmal einen Beitritt zu dieser sozialliberalen Partei überlegt – der bedeutendsten Oppositionspartei der Schweiz im 20. Jahrhundert, und auch der ersten Partei, welche in der Schweiz grüne Themen vertreten hat (just vor dem Aufkommen der eigentlichen Grünen) – mich dann aber damals doch gegen ein Engagement in der Politik ausgesprochen. Die Partei wurde 1999 (nach anhaltender Erfolglosigkeit) aufgelöst (obwohl sie heute eigentlich fast wieder im Trend liegen würde), und sie war also nicht mehr da, als ich sie hätte brauchen können (wobei ich denke, dass es auch seine Gründe hatte, dass diese Partei der Unabhängigen letztlich eben dann doch nicht ganz funktionierte). Manchmal ist das Leben sehr viel komplizierter, als es eigentlich sein könnte.

3.1. Eidgenossenschaft in der Innenpolitik (Punkt 1)

Die offizielle Staatsbezeichnung der Schweiz lautet: Schweizerische Eidgenossenschaft. Dies zeigt an, was der oberste Grundsatz der Innenpolitik in der Schweiz ist – oder: der Schweizer Politik insgesamt – nämlich: die Eidgenossenschaft. Nach diesem ersten Grundsatz kann man sich, nicht allzu ideologisch, aber doch programmatisch und strategisch ausrichten. Die Eidgenossenschaft ist jedoch nichts Festes und Fixes, sondern sie muss immer wieder (neu) hergestellt werden. Den Begriff der Eidgenossenschaft kann man heute verbinden mit den bürgerlichen und demokratischen Errungenschaften und Werten: Freiheit, Gleichheit und Brüderlichkeit (bzw. Schwesterlichkeit) sowie Volksherrschaft. Man könnte die Schweizer Grundwerte demnach als eidgenössisch, bürgerlich und (direkt-) demokratisch bezeichnen. Dies sind nicht irgendwelche schöngeistige und/oder unsichere Werte, sondern jene Werte, die man im Lauf der Zeit politisch erkämpft, erreicht und (mehr oder weniger) gesichert hat. Sicher ist nie etwas wirklich, sondern es kann – besser oder schlechter – bewahrt werden oder eben nicht. Politik besteht aber natürlich nicht nur in der reinen Bewahrung, sondern sie besteht v.a. darin, das Gute zu bewahren, das weniger Gute und das Schlechte dagegen durch das Neue zu verbessern. Da sich die Welt auch stets und immer wieder verändert, erweitert und erneuert, scheint dies eine nie endende und daher ewige Aufgabe des Menschen zu sein.

Interessanterweise entsprechen die bürgerlichen Grundwerte exakt dem Grundgerüst der heutigen Parteienlandschaft in der Schweiz: SVP-national, FDP-liberal, CVP-religiös (-christlich), SPS-sozial, GPS-grün. Mit den Erweiterungen des Nationalistischen (rechts) und des Grünen (links) ergibt sich in der Mitte das bürgerliche Credo von Freiheit, Brüderlichkeit und Gleichheit.

P.S. Das heutige System gleicht eigentlich jener Mischung aus Demokratie (Volk) und Oligarchie (Classe Politique), welche der antike griechische Philosoph Aristoteles als das beste politische System beschrieben und als Politie bezeichnet hat.

3.2. Neutralität in der Aussenpolitik (2)

Seit etwa dem 16. Jahrhundert hat die Schweizerische Eidgenossenschaft einen relativ festen Grundsatz (auch) für die Aussenpolitik: jenen der Neutralität. Zurückgehen soll diese Tradition – dies sagt zumindest der Mythos – auf den Eremiten Niklaus von Flüe (im 15. Jahrhundert), welcher den Eidgenossen geraten haben soll, sich aus fremden (und grossfeudalen) Händeln herauszuhalten und daher neutral aufzutreten. Bedeutend für diese (Um-) Orientierung in der schweizerischen Politik war auch die

Niederlage bei der Schlacht von Marignano 1515. Mit dieser alten Schlacht endete jedenfalls die Schweizer Expansionspolitik jener Zeit. Nach und nach wurde diese abgelöst von der Neutralitätspolitik. Völkerrechtlich relevant wurde die Schweizer Neutralität erst durch die "Déclaration des Puissances portant reconnaissance et garantie de la neutralité perpétuelle de la Suisse et de l'inviolabilité de son territoire" (1815 – im Zuge des Wiener Kongresses, unterzeichnet von den europäischen Grossmächten jener Zeit [dieser Vertrag wurde im gegenseitigen Einverständnis geschlossen: die Schweiz hatte ein Interesse daran, sich aus dem europäischen Kriegsgeschehen jener Zeit herauszuhalten; die europäischen Grossmächte hatten ein Interesse daran, mitten in Europa eine neutrale Zone zwischen ihnen zu schaffen]). Die Mitgliedschaft in supranationalen Organisationen halte ich für kompatibel mit einer Neutralitätspolitik, allerdings sollte man auch innerhalb solcher Gremien möglichst neutral auftreten (und auch etwa auf fragwürdige Ämter verzichten [die Schweiz soll sich nicht hervortun, sondern vermitteln]). Letztlich bedeutet politische Neutralität nicht: keine Kritik, sondern: keine Feindschaft (solange es keine militärischen Gründe dafür gibt).

Ich sehe heute keinen Grund zur Aufgabe des Neutralitätsgrundsatzes, welcher bei entsprechenden Umfragen vom Volk jeweils auch stark gestützt wird, hat er sich doch über manches Jahrhundert als friedens- und damit auch wirtschaftsfördernd erwiesen. Schon der griechische Philosoph Xenophon wies darauf hin, wie wichtig der Frieden für einen freien und blühenden Handel und also eine blühende Wirtschaftstätigkeit ist.

P.S. Ich möchte hier anführen, dass es wohl schon gewisse Situationen gibt, in welchen die Neutralität zugunsten einer aktiven (Aussen- und Welt-) Politik in den Hintergrund treten sollte. Was für (Ausnahme-) Situationen dies sind – bei denen trotzdem die allgemeine Neutralität gewahrt und verteidigt werden muss – wird sich zukünftig erweisen müssen.

3.3. Soziale Marktwirtschaft (3)

Der Begriff der Sozialen Marktwirtschaft bezeichnet ein realpolitisches Wirtschaftssystem, welches sich aus liberalen und sozialen Faktoren zusammensetzt (gebildet wurde der Begriff im Nachkriegsdeutschland, nach den beiden Weltkriegen – in der Schweiz gab es eine ähnliche Entwicklung, exemplarisch etwa mit der Entwicklung der Sozialversicherungen). Dieser Begriff hat sich in der politischen Auseinandersetzung des 20. Jahrhunderts ergeben (in der Schweiz: Freisinn vs. Sozialdemokratie). Das bedeutet: das wirtschaftliche Grundmodell ist jenes der freiheitlichen Marktwirtschaft; allerdings geht die Soziale Marktwirtschaft davon aus, dass der Markt nicht alle Probleme selber lösen kann, und dass der Staat daher eingreifen muss, wenn sich bedeutende gesellschaftliche Probleme ergeben. Die Freiheit des wirtschaftlichen Handelns soll primär gefördert werden, und erst sekundär soll der Staat eingreifen. Dabei ist es jedoch auch möglich, dass der Staat in einzelnen Branchen, wo das Sinn macht, als Wirtschaftssubjekt auftritt. Ein Modell der vollkommenen Konkurrenz müsste eigentlich sogar grundsätzlich den Staat einbeziehen. In einer Direkten Demokratie ist es letztlich das Volk, welches darüber bestimmt, wie liberal oder sozial bzw. markt- oder planwirtschaftlich die Wirtschaft organisiert sein soll. Nicht eine Ideologie (oder eine Elite), sondern das Volk soll das Wirtschaftssystem ausgestalten. Die Extremfälle wären ein vollkommener Liberalismus oder ein vollkommener Sozialismus – dazwischen liegt irgendeine Form von einer Sozialen Marktwirtschaft. Da sich diese in der Praxis der Nachkriegswirtschaft bewährt hat, könnte man den Begriff derselben in der Bundesverfassung festlegen als Bezeichnung für ein ausgeglichenes Wirtschaftssystem (mit liberaler Tendenz).

3.4. EU-Beitritt mit Sonderstatus (4)

Die Entstehung und Entwicklung der Europäischen Union EU ist für die Schweiz – obwohl man dies friedens- und wirtschaftspolitisch gut nachvollziehen kann – eine schwierige Herausforderung, etwa bezüglich der Neutralität und v.a. auch bezüglich der Direkten Demokratie. Wie kann diese geschützt und erhalten werden, wenn die Supranationalität – in Europa und vielleicht sogar in der gesamten Welt – wichtiger wird als die Nationalität? Trotzdem: einen Alleingang der Schweiz in der Europafrage kann ich mir auf Dauer kaum vorstellen – auch nicht ewig bilaterale Verhandlungen (die mit der Zeit zu einem allzu komplexen bilateralen Verhältnis und Vertragswerk führen müssten, in welchem vieles letztlich doch adaptiert würde). Daher ziehe ich langfristig eher einen Beitritt der Schweiz zur EU vor, allerdings nicht ohne einen Sonderstatus, welcher die Neutralität und die Direkte Demokratie gewährt und schützt. Ordnungspolitisch gesehen macht die Supranationalität durchaus Sinn, denn es ergibt sich damit eine logische Struktur von der Gemeinde über die (Landes-) Regionen – in der Schweiz: Kantone – bis zur Nation und darüber hinaus zu einer kontinentalen und globalen Supranationalität mit den entsprechenden Organisationen (in Europa mit der Europäischen Union EU, in der Welt: mit den United Nations UNO). Es wird in der Zukunft um einen guten Ausgleich zwischen der Selbstbestimmung (bzw. Unabhängigkeit) und der internationalen Zusammenarbeit gehen. Die Nation wird auch bei einer zunehmenden Supranationalität nicht ausgedient haben, aber sie ist dann im Gesamtsystem nur noch ein (starkes) Zwischenglied, wobei ich in dieser Konstellation auch durchaus vor einer Vernachlässigung der Nation warnen würde (denn sie bildet in diesem System auch einen wichtigen und bedeutenden Mittelpunkt der Interessen).

3.5. Ziel der Vollbeschäftigung (sowie Grundrecht auf Arbeit und Wohnung, 5)

Für mich ist ein Menschenrecht auf Arbeit (und Einkommen bzw. Auskommen) in einer gut funktionierenden modernen Gesellschaft eigentlich selbstverständlich, ebenso wie ein Recht auf Wohnung übrigens. Beides wurde vom Schweizer Volk allerdings bereits mehrfach in Volksabstimmungen verworfen! Die Gewährung von Menschenrechten hat leider durch die Direkte Demokratie (bisher) keine allzu überwältigend grossen Fortschritte gemacht. Interessanterweise war ein Recht auf Arbeit – im Aufkommen der Sozialdemokratie – bereits im 19. Jahrhundert ein politisches Thema (siehe: Bismarcks Sozialgesetzgebung); und trotzdem ist man damit noch nicht weiter, als es heute der Fall ist – in einer Zeit, in welcher die Arbeitslosigkeit (und die dementsprechende Unorganisiertheit im Sozialen) noch immer ein grosses Thema ist. Die Gesellschaft hat eigentlich kein

Recht, dem Individuum eine arbeitswirtschaftliche Tätigkeit und/oder einen festen Wohnplatz zu verwehren. Das Ziel der Vollbeschäftigung ergibt sich auch aus der Wirtschaftstheorie des 20. Jahrhunderts zu den volkswirtschaftlichen Zielen (vgl. Magisches Vieleck). Ursprünglich war darin eine Vollbeschäftigung vorgesehen, später wurde dieser Punkt herabgeschwächt zu einem 'hohen Beschäftigungsgrad', welcher aber weit interpretierbar ist; ich halte – trotz den derzeit hohen Arbeitslosenzahlen in vielen europäischen Ländern – am ursprünglichen Ziel und/oder Ideal von einer Vollbeschäftigung fest. Und damit meine ich durchaus nicht nur das Recht auf Arbeit, sondern auch die Pflicht zur (Mit-) Arbeit. Wer Rechte einfordert, muss auch Pflichten eingestehen. (Freilich sind wir noch relativ weit davon entfernt, die Interessen der Politik und jene des Individuums allgemein besser in Einklang zu bringen – von der Seite des Individuums her erscheint es klar und verständlich, dass dieses hier den bzw. seinen Idealismus einbringen muss.)

3.6. Wahl- und Stimmrecht für Ausländer (6)

Diese Forderung schliesst an die Vorstellung von einem allgemeinen Wahlrecht an. Als man in der Schweiz 1971 – spät im internationalen Vergleich – das Frauenstimmrecht einführte, schien es, als habe man nun ein allgemeines Wahl- und Stimmrecht. Ein paar Gesellschaftsgruppen gingen dabei aber immer noch vergessen, vorab die Unmündigen/Entmündigten, die Kinder/Jugendlichen und die Ausländer; all dies muss man überdenken. Beim allgemeinen Wahl- und Stimmrecht geht es um die Glaubwürdigkeit einer Demokratie. Die Schweiz hat heute über 20% Ausländer, die nicht wahl- und stimmberechtigt sind, gleichwohl aber in dieser Gesellschaft leben und auch für die Schweizer Wirtschaft wichtig sind. Dies führt auch etwa dazu, dass einzelne Gesellschafts- und auch Berufsgruppen politisch heute untervertreten sind. Auf kantonaler und kommunaler Ebene gibt es teils vereinzelt bereits ein Wahl- und Stimmrecht für Ausländer, teils sogar schon ein aktives (d.h. die ausländischen Personen dürfen nicht nur wählen, sondern können auch gewählt werden). In dieser Frage ist nicht von einem schwammigen Volksbegriff auszugehen, sondern von der tatsächlich vorhandenen Bevölkerung. Für dieses Recht könnte man eine gewisse Aufenthaltsdauer voraussetzen (z.B. fünf Jahre).

Diese Forderung hat nicht direkt etwas zu tun mit Fragen nach der Regulierung der Zuwanderung, sondern: dies wäre eine andere Frage, die auf einer anderen Ebene liegt (und für mich hier nicht zu den Hauptpunkten gehört und daher nicht behandelt ist).

3.7. Wahl- und Stimmpflicht für Schweizer (7)

Die Wahlbeteiligung bei Parlamentswahlen beträgt in der Schweiz seit den späteren 1970-er Jahren stets unter 50%! Und damit nimmt die Schweiz einen der hintersten Ränge in einer internationalen Rangliste diesbezüglich ein. Dies zeugt nicht nur von einem geringen politischen und demokratischen Bewusstsein im Volk, sondern mehr noch von einer Vernachlässigung der Demokratie – denn jedermann kann einer mit einer derart tiefen Wahlbeteiligung gewählten Regierung vorhalten, dass sie gar nicht von der Mehrheit des Volkes eingesetzt worden ist. Mit diesem Argument kann also (zumindest theoretisch) die ganze demokratische Institution in Frage gestellt werden. Interessant genug, dass weder die Politik noch die Medien auf diesen bereits langjährigen Missstand bedeutend reagieren. Ich sehe derzeit eigentlich nur eine Wahl- und eventuell auch Stimmpflicht als möglichen Ausweg aus der aktuellen Situation. Wenn das Volk ein anderes System will, kann es dies herbeiführen, solange aber die Direkte Demokratie gilt, muss das Volk in die Pflicht genommen werden dafür. Man könnte die Pflicht auch provisorisch und subsidiär einführen, solange die Stimmbeteiligung die 50%-Marke nicht überschreitet (oder 50+5%). In einem Schweizer Kanton gibt es bereits eine Wahl- und Stimmpflicht (nämlich in Schaffhausen). Die Ausländer wären (bei einem allfälligen Ausländerwahl- und -stimmrecht) an dieser Pflicht nicht beteiligt. Nicht nur bezüglich der Innenpolitik ergibt sich mit einer schlechten Wahl- und Stimmbeteiligung ein Problem, sondern auch in der Aussenpolitik. Wie will die Schweiz (dereinst) auf einen Sonderstatus in der EU zielen, wenn sie bezüglich ihrem besten Argument der Direkten Demokratie nicht einmal eine Wahlbeteiligung von 50% vorweisen kann?

Zwei Studien habe ich dazu gefunden (dies nur als kleine Ergänzung, da mir dieser Punkt sehr wichtig erscheint). Erstens: Wahlbeteiligung in nationalen Unterhauswahlen zwischen 1960-1995 (Studie von Mark N. Franklin: "Electoral Participation", in der Studie 'Controversies in Voting Behavior', 2001). Hier wurden 40 ausdrücklich demokratische Nationen verglichen: vier Nationen kamen – je mit Wahlpflicht – über 90%, die letzten fünf Nationen waren: Indien und Ungarn 66%, Russland 61%, Pakistan 61%, Schweiz 54%, USA 48% (diese zwischen 40-55%, je nachdem, ob gleichzeitig eine Präsidentschaftswahl stattfand oder nicht). Zweitens: Wahlbeteiligung nach Institute for Democracy and Electoral Assistance IDEA (gefunden und aufbereitet im Blog 'Napoleons Nightmare' von Lukas Leuzinger, einem Schweizer Journalisten, 2012 – zu diesem Vergleich dienten je die letzten erhältlichen Zahlen seit 2001). Hier wurden 191 Staaten verglichen, wobei die Schweiz den 175. Rang belegte (vor: Guatemala, Ungarn, Kosovo, Palästina, Sambia, Mosambik, Pakistan, Kolumbien, Gabun, Tansania, Simbabwe, Afghanistan, Marokko, Mali, Litauen, Ägypten – und hinter allen übrigen Ländern der Welt!). Anzuführen bleibt, dass die Wahlbeteiligung in der Schweiz schon beim Majorzwahlsystem 1848-1917 sehr unregelmässig verlaufend zwischen 45-63% lag (also teilweise unter 50%), nach der Einführung des Proporzwahlsystems 1918 aber auch kontinuierlich von zuerst 80,4% auf unter 50% sank (und seit 1979 eben auch stets unter 50% geblieben ist). Die Studien zeigen, dass das Schweizer Resultat nicht normal ist im internationalen Vergleich. Das (oft gehörte) Argument, wonach diese tiefe Zahl dadurch zustande kommt, dass die Schweizer nicht nur wählen, sondern auch abstimmen können, gilt eigentlich nicht: weil die Beteiligung bei Abstimmungen meist noch viel schlechter ist. Derzeit wird in der Schweiz die elektronische Stimmabgabe geprüft (E-Voting). Dies könnte eine leichte und/oder temporäre Verbesserung geben, aber ob dies das Problem des politischen Desinteresses wirklich lösen kann, ist fraglich.

3.8. Umfassende Schulreform (8)

Die Schule muss immer wieder reformiert und der Zeit angepasst werden: einerseits wegen des sich verändernden Bildungsprogramms, andererseits wegen der sich verändernden Erziehungsideale. Vielleicht sollte man heute aber eher von einer Moralvermittlung sprechen als von einer Erziehung – die Vermittlung von einer Moral umfasst sehr viel mehr als die reine

Erziehung (im alten Stil). Die heutige Schule muss auch und v.a. dem Zeitalter der neuen Medien angepasst werden. Die Entwicklungen des Computers und des Internets haben die Situation grundlegend verändert. Bezüglich des Lehrplans sollte sich die Schule von Beginn an nach der Universität ausrichten, und alle Fächer, die dort eine bedeutende wissenschaftliche Disziplin bilden, sollten auch an der Schule – zumindest in den Grundsätzen – vermittelt werden (bei manchen Fächern kann diese Schulbildung nur sehr rudimentär sein, sollte aber trotzdem einen Ein- und Überblick ergeben). Das heisst: die Schulbildung müsste wesentlich breiter werden, ohne die klassischen und auch die praktischen Schulfächer damit zu beinträchtigen. Die (Grund-) Schüler sollten auch besser auf die Realwirtschaft vorbereitet werden – auch (u.a.) in der Berufswahl; ferner sollte die Schule praktischer werden (ohne das theoretische zu vernachlässigen) – nicht nur in den Fächern Hauswirtschaft und Werken, sondern in allen Fächern. Die Forderungen an die Schule sind gross (wenn nicht sogar immens): damit muss die Schule zurechtkommen. Sie sollte auch schülergerechter werden – die Schüler stehen heute in einem ganz anderen Umfeld als früher: dem ist ebenfalls Rechnung zu tragen (ich denke z.B. an Ombudsstellen für Schüler: solche gibt es nämlich immer noch nicht, wogegen die Psychologie, inkl. Schultherapeuten, schon längst in die Schulen eingezogen ist – wir sehen dabei vielleicht auch ein Beispiel für einen zunehmenden Konflikt zwischen Recht und Psychologie [nicht nur in den Schulen, sondern auch im Recht selber]).

Wichtig ist ferner, dass den Kindern das Lernen besser gelehrt wird – auch das Lernen mit den neuen technischen Hilfsmitteln (wie sie diese auch ausserhalb der Schule und in ihrem späteren Leben verwenden können). Das ist ein neuer und zentraler Inhalt der Schule. Also hat die Schule ganz grundlegend heute folgende Hauptaufgaben: Bildungsprogramm, Moralvermittlung und Nutzungsanweisung für das Lernen mit den neuen technischen Mitteln.

3.9. Vernünftiger Natur- und Umweltschutz (9)

Dies ist natürlich ein epochales Thema: die Forderung nach einem vernünftigen Natur- und Umweltschutz ist heute eigentlich nichts Besonderes mehr, trotzdem muss man sie noch und auch immer wieder erwähnen. Dem Menschen fällt das Bebauen leichter als das Bewahren, heute aber ist er herausgefordert – der Begriff der Verantwortung ist für mich der zentrale Begriff der menschlichen Moral, und der Mensch hat eine Verantwortung gegenüber der Natur und der Umwelt (ich betone beides: geschützt werden muss in der Zukunft also nicht nur die Umwelt, sondern auch die Natur des Menschen, und überhaupt, also: das Umgebende und das Ursprüngliche). Was zu dieser Zeit ansteht, ist nicht bloss irgendein Paradigmenwechsel in der Geschichte der menschlichen Kultur, sondern es ist die Umwertung des Grundwertes derselben: Bewahrung (auch) – statt nur reiner und blinder Fortschritt! Wissenschaft und Technik haben ihre Unschuld im 20. Jahrhundert verloren und sind in Zukunft genauer zu bedenken – sie sind da, um dem Menschen und der Welt zu dienen und nicht umgekehrt. Die Erkenntnis, dass der Mensch seine eigene Natur und Umwelt bedroht, ist nicht zeitbedingt und daher rückgängig zu machen, sondern für alle kommende Zeit gültig und daher irreversibel. Ohne in eine Öko-hysterie zu verfallen, sollte man heute stärker und entschlossener vorwärts machen mit dem Natur- und Umweltschutz. Der Mensch hat viel Geist (und viel Geld) dafür aufgewendet, um die technische Entwicklung vorwärts zu treiben, und jetzt, wo es um Schutzmassnahmen geht für die Natur und für die Umwelt, sollte er es nicht an Geist (und Geld) fehlen lassen.

Ist denn das Problem überhaupt so schlimm, oder wird es nicht übertrieben heute? Leider können wir das nicht mit allerletzter Gewissheit sagen (denn wir wissen v.a. nicht mit letzter Gewissheit, wie gross der Anteil des Menschen an den Problemen wirklich ist). Die Wissenschaft hat dazu jedoch eine relativ klare Meinung: es sieht wirklich einigermassen schlimm aus. Schon die Möglichkeit und/oder die Wahrscheinlichkeit einer menschlichen Verursachung würde eigentlich zu einer Handlungsaufforderung ausreichen. Die Problematik ist für den Menschen nicht nur ökologisch problematisch, sondern auch psychologisch (und soziopsychologisch) – und gerade dies sollte man keinesfalls unterschätzen.

3.10. Religionsfreiheit (10)

Die Religionsfreiheit basiert auf dem Wissen darüber, dass Untoleranz in religiösen Fragen zu schweren gesellschaftlichen Konflikten führen kann; in der Schweiz gab es lange Jahrhunderte der Auseinandersetzung zwischen den Religionen bzw. (christlichen) Konfessionen – diese zogen sich eigentlich bis zum Sonderbundskrieg 1847 hin! In der Folge des letzten grossen Bürgerkriegs in der Schweiz ist der moderne Schweizer Bundesstaat 1848 entstanden, der für religiöse und kulturelle Toleranz steht. Religiöse Toleranz bedeutet meiner Meinung nach nicht nur, dass andere Religionen toleriert werden, sondern: dass von diesen auch die Hauptreligion toleriert wird (das ist in unseren Breitengraden das Christentum – ich würde dieselbe Forderung auch für andere Weltgegenden erheben, in welchen es eine andere Religion ist). Nur diese gegenseitige Toleranz bringt den Religionsfrieden, welcher eine wichtige Grundlage für den Frieden überhaupt ist. Manche denken heute, die Religion sei gar nicht so wichtig. Dem muss ich widersprechen: Religion ist im Menschlichen immer wichtig. Auch ein Atheismus löst die religiöse Frage nicht – höchstens für Einzelne, nicht aber im Allgemeinen. Die Religion – in welcher Form und/oder durch welches Medium auch immer der Mensch seine Verbundenheit im Grossen und Ganzen definiert – ist und bleibt ein menschlicher Grundfaktor.

3.11. Neue Medienpolitik (11)

Der US-Soziologe Daniel Bell bezeichnete bereits in den 1970-er Jahren die Information als den bedeutendsten Faktor der zukünftigen Gesellschaft, und heute können wir sagen, dass er vermutlich recht hatte. Die Medien sind zu einem wichtigen und bedeutenden soziologischen Instrument geworden – sie haben im Zuge ihrer Entwicklung (von der Zeitung über das Radio und Fernsehen zu Computer, Internet und Multimedia) die soziale, soziologische und politische Wirklichkeit verändert. Der wissenschaftliche und technologische Fortschritt im 20. Jahrhundert war besonders bedeutend in der Verkehrs- und Transporttechnologie sowie eben auch in der Informations- und Kom-

munikationstechnologie – das Internet und die Migration (nicht
nur der Personen, sondern auch der Gelder und Güter sowie
schliesslich auch des Wissens) werden die Welt stark verändern.
Beides zusammen – d.h. die allgemeine Bewegung und Be-
schleunigung sowie die neuen Medien – sind auch wichtige Faktoren in der heutigen Globalisierung. Ich bin mit der aktuellen
Mediensituation nicht ganz zufrieden – und ich denke v.a. an
einen besseren Ausgleich zwischen privatwirtschaftlichen und
öffentlich-rechtlichen Medien. Im Printmedienbereich sehe ich
eine öffentlich-rechtliche Bundeszeitung, dagegen wäre im Ra-
dio- und Fernsehbereich eine weitere Liberalisierung zu fordern,
die eine offenere Konkurrenz in diesem Bereich ermöglichen
würde. Aufgrund der ständig steigenden Bedeuteung der Medien und der immer komplexeren Auswirkungen derselben auf
die Gesellschaft, ist eine Eidgenössische Medienkommission zu
fordern*. Trotz des Internets sehe ich die klassischen Massenme-
dien weiterhin – ausserhalb wie innerhalb des Internets – in
einer sehr bedeutenden Rolle.

* Diese Forderung wurde im Jahr 2012 bereits erfüllt – sie geht auf eine
entsprechende Parlamentsmotion im Jahr 1994 zurück (was ich erst nach
meiner eigenen Erwägung – in einer Ableitung von der früheren Eidgenössischen Bankenkommission – gesehen habe). Nun kann man ge-
spannt sein, wie diese Kommission praktisch arbeiten wird.

3.12. Klarere, strengere und fairere Rechtsgrundsätze (12)

Die (ganze demokratische) Politik ist im Grunde dazu da, das
Recht der Zukunft zu bestimmen (daher darf ein Punkt zur Ju-
risprudenz hier nicht fehlen). Ich bin für klarere, strengere und
fairere Rechtsgrundsätze, weil ich gegen unklare/schwammige,
lasche/verantwortungslose und unfaire/ungerechte Bestim-
mungen bin. Eine solche Aussage ist relativ leicht zu machen, in
der Praxis sieht das freilich viel schwieriger aus – aber dafür ist
ja eben die Politik zuständig. Bezüglich der juristischen Institutionen sollte man sich immer fragen, ob sie wirklich zeitgemäss
und lösungsorientiert sind. Ich bin der Meinung, dass die heutigen Institutionen nicht genügen, um die Probleme der Zukunft
zu lösen (man könnte sich z.B., u.a., mehr Mediation wünschen,
also: Streitschlichtung, wie es ja an sich auch im Bundesbrief für

eine Eidgenossenschaft vorgeschlagen ist [und wie es der positiven Entwicklung einer Gesellschaft gut anstehen würde]). Letztlich sind es aber in einer (Direkten) Demokratie eben die realpolitischen Auseinandersetzungen, die das Recht bestimmen (und nicht rechtsphilosophische Grundsätze); daher kann man sagen, dass die Gesellschaft zumindest jenes Recht und jene Gerechtigkeit hat, welche sie sich selber geschaffen hat (und das gilt eigentlich oder letztlich für jede Gesellschaft: für eine demokratische wie für eine andere [jede Gesellschaft, gleichgültig, welche politische Struktur sie aufweist, ist verantwortlich für ihre Rechtsverfassung – das ist ein Gedanke, welcher schon bei den alttestamentarischen Propheten beginnt]).

* Man darf sich nicht der Illusion hingeben, die Schweizerische Rechtsordnung sei von Beginn an direkt vom Volk gemacht worden (und sei damit im Grunde eine direktdemokratische Verfassung). Sondern: die Gesetze wurden von der Regierung bzw. vom Parlament – nach Entwürfen teils von juristischen Einzelpersonen – gemacht (beginnend bei der Begründung des Bundesstaates 1848). Erst später kam der eigentliche (direkte) Einfluss des Volkes hinzu (genau: mit dem Referendumsrecht 1874 und dem Initiativrecht 1891). Wir stehen damit – langfristig betrachtet (mit den langsamen Mühlen der Politik und der Justiz) – eigentlich auch heute noch immer erst am Anfang einer direktdemokratisch entwickelten Rechtsordnung.

3.13. Förderung der Wissenschaft der Soziologie (13)

Auguste Comte, der Begründer der Soziologie als Wissenschaft, sagte, dass die Wissenschaft der Soziologie erst dann richtig entwickelt werden wird, wenn die anderen Wissenschaften bereits auf einem hohen Stand angekommen sind. Seltsam aber wahr: der Mensch kümmert sich zuerst um alles Andere und zuletzt erst um seine eigene Gesellschaft. Die Wissenschaft der Soziologie muss entideologisiert und besser gefördert werden, damit zum technischen Fortschritt der vergangenen Jahrhunderte auch ein (wissenschaftlich ab-) gesicherter sozialer Fortschritt dazukommt. Das ist wichtig, und dafür sind die Geistes-, Kultur- und Sozialwissenschaften im Wesentlichen da! Zur Festigung von kulturellen Fortschritten. Das Sozialwesen ist heute ein relativ unbeliebtes Anhängsel der (sogenannten) Realwirtschaft – es braucht für die (Re-) Integration eine bessere Verbindung zwischen der Wirtschaft und dem Sozialwesen. Ich trete für eine Vereinheitlichung des Sozialwesens ein, d.h. eine allgemeine Sozialversicherung statt viele Spezialversicherungen. Dies bedeutet eine Bevorzugung der Individualförderung gegenüber dem Giesskannenprinzip. Allgemein ist vom Sozialwesen weniger Bürokratie und mehr Effizienz zu fordern.

Ich sehe eine Allgemeine Soziologie und eine Spezielle Soziologie. Die Allgemeine Soziologie ist das, was wir heute unter der Wissenschaft der Soziologie subsumieren, die Spezielle Soziologie würde eine spezifische Gesellschaft betreffen, z.B. die direktdemokratische Eidgenossenschaft, in welcher sich auch spezifische Fragen und Probleme stellen.

In der heutigen Schweizer Gesellschaft gilt es nicht nur das Problem der Ausländerintegration zu betrachten, sondern auch das Problem des innerschweizerischen Kulturaustauschs und -ausgleichs. Noch heute – nach über 200 Jahren gemeinsamer Eidgenossenschaft – ist es so, dass die Deutschschweizer kulturell sehr wenig über die Romandie wissen und umgekehrt (sowohl was die aktuelle wie auch die vergangene Kultur betrifft). Die Schweiz wird oft als eine Willensnation bezeichnet, sie sollte jedoch irgendwann einmal (auch) eine Kulturnation werden.

Eine der schwierigsten soziologischen Fragen betrifft für mich heute speziell die Familienpolitik. Da gibt es einerseits das alte (Familien-) Ideal, welches grosse Risse bekommen hat – würden wir aber Konfuzius nicht noch immer zustimmen, wenn er sagte, dass die Familie die Grundzelle der Gesellschaft ist? Andererseits gibt es die berechtigten neuen Forderungen nach neuen Mitteln einer diversifizierteren Gesellschaft, in welcher es viele Formen des Zusammenlebens und der Familie gibt. Können wir das Ideal hochhalten und trotzdem auch der Realität ihren Tribut zollen? Das sei hier einmal als Frage hingestellt (ich weiss die Antwort nicht, hoffe aber, dass dies möglich ist).

3.14. Ferner: zum Schweizer System (der Rechtssetzung)

Eigentlich wollte ich zum (politischen) System nichts sagen, nicht zuletzt deswegen, weil eine grundsätzliche Systemdebatte sehr kompliziert wäre bzw. würde. Ein politisches System – und gerade jenes der Schweiz! – ist eine sehr feine und labile Angelegenheit, in welcher viele verschiedene Faktoren aufeinander abgestimmt sind: ändert man etwas bei einem Faktor, so würde sich das immer auf andere Faktoren auswirken. Daher finde ich, dass man eine tiefgründige Systemdebatte erst dann führen sollte, wenn es sich erweisen würde, dass das (Gesamt-) System nicht mehr tauglich ist zur Bewältigung der politischen Aufgaben. Ich finde nicht, dass dies heute der Fall ist. Wenn man eine Direkte Demokratie will, und es gibt eigentlich keinen Grund an dieser politischen Form zu zweifeln, dann ist das heutige Schweizer System sicher ein gutes Modell – allerdings auch eines, welches recht schwierig zu erklären ist, wie eine politische Diskussionssendung zur Durchsetzungsinitiative ("Arena" vom 5.2.2016) im Schweizer Fernsehen zeigte. Ich versuche, das Rechtssetzungssystem hier kurz zu erklären.

Sprechen wir im Allgemeinen von der Rechtssetzung* eines bzw. des Staates (oder: des Bundes) mit den entsprechenden Erlassen in der Rechtssetzung.

* Ich spreche von Rechtssetzung und nicht von Gesetzgebung, weil der Begriff eines Gesetzes eine ganz genaue Bedeutung innerhalb der schweizerischen Rechtssetzung hat und der Begriff der Gesetzgebung zu einer Verwirrung führen würde, weil nicht jeder Erlass auch einem Gesetz entspricht.

Was ist ein (neuer) Erlass? Das ist entweder ein neuer Artikel in der Bundesverfassung (Rechtliche Grundordnung des Staates*), oder ein neues Bundesgesetz (Rechtssetzender Erlass des formellen Gesetzgebers [Legislative: Parlament]) sowie auch neue rechtssetzende Erlasse unterhalb der Gesetzesebene (Beschlüsse und Verordnungen des Parlaments oder des Bundesrats [ferner sind im Einzelfall auch ganz allgemein Verfügungen oder Verträge von Behörden zu erwähnen]).

* Mit einer Initiative kann das Volk eine Änderung in der Bundesverfassung anregen. Der Initiativtext geht als Vorlage an den Bundesrat, welche – auf dem üblichen Weg zum Fassen eines Erlasses – an das Parlament zur Bearbeitung weitergeleitet wird**. Das Parlament befindet über die Vorlage bzw. stimmt über diese ab (nachdem sie diese zuvor in beiden Räten, inkl. Differenz- und Einigungsverfahren, angenommen hatte [ansonsten geht sie zur erneuten Überarbeitung zurück an den Bundesrat und die Verwaltung]). Das Volk kann gegen den Erlass, wenn er zustande kommt, das Referendum*** ergreifen und müsste dann diesen Prozess mit einer neuen Initiative von vorne beginnen. (Der Bun-

desrat oder die Bundesversammlung bzw. das Parlament haben bereits
vor der Volksabstimmung die Möglichkeit, einen Gegenvorschlag zu
machen, welcher alternativ zur Abstimmung gelangt – in diesem Sinn
kann der Bundesrat hier eigentlich mit in die Legislative eingreifen.

** Exakt: nach der sogenannten Initiativphase wird in der Ausarbei-
tungsphase von der Bundesverwaltung oder einer Expertenkommission
ein erster Entwurf für den Erlass ausgearbeitet, welcher in die Vernehmlassung geschickt wird, d.h. er wird im Vernehmlassungsverfahren den
Kantonen, Parteien und Verbänden sowie anderen Interessengruppen
vorgelegt, von der Bundesverwaltung überarbeitet, und dann wird die
bearbeitete Vorlage an das Parlament weitergeleitet.

*** Das obligatorische Referendum betrifft allgemein Verfassungsände-
rungen und bestimmte Gesetzesänderungen (sowie den Beitritt zu supranationalen Organisationen) – jedoch wird nicht über bearbeitete Initiativen noch einmal obligatorisch abgestimmt! Das fakultative Referendum kann in anderen Fällen quasi angerufen werden (z.B. auch eben
dann, wenn die Bearbeitung eines Initiativtexts durch die Behörden dem
Volk nicht passt). Mit seinem (Verfassungs-) Initiativrecht kann das Volk
nur auf Verfassungsebene in die Rechtssetzung eingreifen – mit dem
Recht zum fakultativen Referendum kann es aber auch auf der Gesetzesebene eingreifen. Direkt das Recht setzen, kann das Volk eigentlich nicht
(das würde aber quasi eingeführt mit der Durchsetzungsinitiative, in
welcher ausdrücklich verlangt wird, dass ein Initiativtext, ohne Bearbeitung durch die Regierung, direkt wörtlich übernommen wird).

Wer kann den Anstoss zu einem neuen Erlass geben? Ver-
schiedenste Akteure wie Parteien, Interessengruppen, Verbände,
Kantone, die (Exekutiv-) Regierung* (Bundesrat), die Bundesverwaltung, die (Bundeshaus-) Fraktionen (der Parteien) oder
einzelne Parlamentarier – oder (mit dem Initiativrecht) eigentlich auch jeder Einzelne (meist bildet jedoch auch ein einzelner
Initiant ein Initiativkomitee mit mehreren Personen, denn je
breiter eine Initiative abgestützt ist, desto mehr Chancen hat sie).

* Der Begriff der Regierung wird in zweifacher Bedeutung verwendet:
einerseits ist damit die gesamte Classe Politique gemeint, d.h. Exekutive
(Bundesregierung bzw. Bundesrat), Legislative (Bundesversammlung
bzw. Parlament) und auch Judikative (Bundesgericht), inkl. den ganzen
(Bundes-) Verwaltungen. Die demokratische Gewaltenteilung entspricht
ja einer Teilung der Gewalten innerhalb der gesamten Regierung. In
einem speziellen Sinn bezeichnet man die Exekutive alleine aber auch
als (Bundes-) Regierung (was vermutlich von einem älteren, vordemo-

kratischen Verständnis herkommt [sowie natürlich auch von den re-
präsentativen Aufgaben, welche die Exekutivregierung eigentlich für die
gesamte Regierung übernimmt]).

In der erwähnten Arena-Sendung wurde der Versuch gemacht,
das Rechtssetzungssystem in eine systematische Grafik zu bringen. Es kam dabei eine relativ ausgeglichene Dreiheit von Volk,
Bundesrat und Staat zustande. Dies widerspricht dem gängigen
System der drei Staatsgewalten. Wo ist das Gericht? Übernimmt
hier das Volk die Funktion des Gerichts? Offenkundig gibt es in
der Direkten Demokratie zwei verschiedene Ebenen: einerseits
die Ebene der Staatsgewalten, wie man sie in den anderen
Demokratien auch kennt, und andererseits die Ebene der
(spezifisch direktdemokratischen) Rechtssetzung, wie man sie in
den anderen Ländern nicht kennt. Auf der Ebene der Staatsgewalten kommt das Volk nicht direkt vor, sondern nur (indirekt)
als Wähler der Legislative (welche ihrerseits die Exekutive und
die Judikative wählt). Das ist das gängige Verständnis der (indi-
rekten oder normalen) Demokratie. Auf der Ebene der (spezifisch direktdemokratischen) Rechtssetzung ist das Volk jedoch
ein Teil des Systems. Es ist auch logisch, dass es diese zwei Ebenen gibt, denn die erste Ebene ist jene der Wahlen, die zweite
jene der Abstimmungen (welche eben in einer Direkten Demokratie dazukommt, die erste Ebene aber nicht auflöst!). Das
könnte auch gemeint sein mit der Politie von Aristoteles: mit
einer (partei-) oligarchischen und einer demokratischen Ebene.
Ist unser System also eigentlich gar keine reine Demokratie,
sondern eine Politie? Am Meisten würde dies auf England zu-
treffen, wo der Faktor einer elitaristischen Oligarchie am Bedeutendsten ist – mit dem Ober- und dem Unterhaus (engl. House
of Lords/Commons [also: der Rat der Herren und der Rat der
Gewöhnlichen]). In einem System, in welchem keine verschiedenen politischen Klassen bestehen, kann man den Demokratiebe-
griff vielleicht retten. Ich spreche daher von einer politischen
Demokratie (damit auch der Begriff der Politie in der Bezeichnung des Systems vorkommt). Die Schweizer stellen sich heute
die Frage nach einer reinen (Direkten) Demokratie wieder: Aristoteles hatte diese Frage schon in der Antike gelöst, und die
Schweizer werden vermutlich zum selben Schluss kommen,
denn Aristoteles hatte zwar in seiner Physik nicht recht, in

seiner Politik aber schon (die alten Griechen haben auch verschiedene politische Systeme ausprobiert, so dass er zu seiner Zeit einen relativ guten politikwissenschaftlichen Überblick gewinnen konnte für seine politische Systemanalyse). In der Direkten Demokratie besteht wohl ebenso die Gefahr, die Ohnmacht des Volkes zu betonen, wie auch eine übertriebene Macht für das Volk zu fordern. Es ist zu hoffen – ich komme immer wieder auf diese Hoffnungen zurück, denn wie könnte der Mensch auskommen, ohne das Prinzip der Hoffnung? – dass die Schweiz einen guten Ausgleich zwischen Volk und Regierung finden und bewahren kann. Ich würde, wie gesagt, zu dieser Zeit nichts Grundsätzliches am System ändern.

In einer weiteren Fernsehdiskussion der Sendung ("Club" vom 9.2.2016) zum gleichen Thema, welches offenbar einige Probleme zutage bringt, meinte der designierte neue SVP-Präsident, dass die Gewaltenteilung nicht sakrosankt sei (zur Erinnerung: die Aushöhlung oder Abschaffung der Gewaltenteilung in der Demokratie bedeutet die Konzentration der Regierung in einer Hand, als die Vorstufe zum Absolutismus wider alle Demokratie). Dass man so eine Aussage von einem Schweizer Spitzenpolitiker im 21. Jahrhundert zu hören bekommt, ist doch einigermassen erstaunlich (überall sonst in Europa würde man das vielleicht eher erwarten, aber es ist auch möglich, dass gerade die Direkte Demokratie in Gefahr ist, die Gewaltenteilung durch die Volksrechte auszuhebeln [daher gehe ich auch speziell auf diese Aussage ein]). Es gibt in der Demokratie zwei verschiedene Ebenen, und das scheint für manche SVP-ler schon zuviel zu sein. Ferner meinte er, das Volk stehe über dem Gericht und zitierte dann einen Verfassungsartikel (Art. 148/1), in welchem steht, dass das Parlament die oberste Behörde sei, unter Vorbehalt des Volkes (und der Stände). In diesem Artikel steht jedoch nichts über die (Exekutiv-) Regierung und das Gericht (die jedoch beide ja vom Parlament gewählt werden). Es besteht offenbar grosser Interpretationsbedarf. Denn auch die Bundesverfassung hat offenbar einige Mühe mit den zwei Ebenen der Direkten Demokratie. Die Gefahr aus solchem habe ich bereits angesprochen: es ist ein undemokratischer Absolutismus.

Zur Rechtssetzung und zum Grundsystem gäbe es viele weitere offene Fragen, so etwa: wieviel Initiativen dieses System überhaupt vertragen würde – bisher waren es noch nicht zu viele, aber das System könnte durchaus auch einmal an seine Grenzen kommen. Ferner die Frage, ob es vernünftig ist, dass die Initiativen nur auf die Verfassungsebene Zugriff haben, nicht aber auf die Gesetzesebene (was mit der Zeit zu einer Überfüllung und Aushöhlung der Verfassung führen könnte). Grundsätzlich soll gerade diese Einschränkung ja dazu führen, dass Initiativen gut überlegt sind. Und schliesslich die eigentlich bereits behandelte Frage, ob nicht das Parlament manchmal solche Initiativen zu stark inhaltlich verwässert, oder auch zeitlich verschleppt. Man kann es eben durchaus auch als gut und vernünftig betrachten, dass die Initiativen von verschiedenen Instanzen bearbeitet werden (während eine absolut Direkte Demokratie zu viele Risiken in sich zu bergen scheint). Die Systemdiskussion möchte ich – wie gesagt – nicht ausweiten; im Grunde sollte man das heutige System ungefähr so, wie es ist, weiterführen (und nicht allzu grosse Korrekturen und Manipulationen daran machen).

3.15. Ferner: zur Europa- und Weltpolitik.

Zu spezifischen aktuellen Konflikten nehme ich hier keine Stellung. Generell muss man die Zukunftshoffnung wohl in supranationale Organisationen setzen, nachdem die Nationen punkto Weltfrieden eigentlich, solange sie alleine dagestanden sind, kolossal versagt und der Welt zwei schlimme Weltkriege gebracht haben. Nicht nur der internationale Frieden, sondern auch der Umweltschutz ist heute ein Problem, welches auf der supranationalen Ebene gelöst werden muss – und ebenso ein besserer weltweiter wirtschaftlicher Ausgleich. Die Europäische Union EU sehe ich – unabhängig von der Schweizer Position dazu – als derzeit (und wohl auch zukünftig) unverzichtbares Instrument für einen europäischen Frieden (ob daraus dereinst sogar einmal Vereinigte Staaten von Europa werden, ist offen). Für die EU muss man hoffen, dass sie eine gute und richtige Einstellung findet zwischen den nationalen Staaten, die sie nicht zu sehr schwächen sollte, und der Welt. Die kontinentalen Organisationen fügen sich nahtlos in ein politisches Weltsystem ein:

von den Gemeinden über die (Bundes-) Länder (in der Schweiz: Kantone) zu den Nationen und Kontinenten der Welt. Das sind die fünf Ebenen der Weltorganisation (1. Welt, 2. Kontinente, 3. Nationen, 4. Länder bzw. Regionen, 5. Gemeinden). Eines der Hauptprobleme ist dabei, dass heute eigentlich nur Europa eine wirklich kontinentale Organisation besitzt, die auch kontinentale Lösungen ausarbeiten kann. Es stellt sich noch grundsätzlicher die Frage, wie die Kontinente denn überhaupt aufgeteilt werden sollen. Auch hier hat Europa einen grossen Vorteil – trotz heute noch fraglichen Ländern wie etwa Russland oder der Türkei. Europa ist ein relativ klar umrissenes Gebiet, nicht so aber die anderen Kontinente. Man müsste sich also international auf klare Kontinentalgebiete einigen, mit einer je eigenen kontinentalen Organisation. Die Ausgangslage ist dabei grundverschieden. Afrika tritt heute – trotz grosser Unterschiede zwischen dem Norden und dem Süden – als kontinentale Einheit auf (wenn auch mit einer noch relativ schwachen kontinentalen Organisation); auch bei Ozeanien sollte dies kein Problem sein. Die Problemzonen sind Amerika (mit zwei oder drei Kontinenten) und v.a. Asien (dito – hier könnte man je Südostasien, den islamischen Raum sowie Indien und dessen Umgebung als eigenständigen Kontinent zusammenfassen, oder man könnte auch eine ganz andere Ordnung erwägen, denn Asien ist eine sehr komplizierte Sache). Wenn ein klares System einer Weltorganisation geschaffen werden soll, so müssen auch die Kontinentalgebiete klar umrissen sein; und das dürfte politisch kein geringes Problem werden. Ebenso wie die EU in Europa scheint mir auf der globalen Ebene die United Nations Organization UNO [heute auch oft nur: UN]) – unverzichtbar für die Lösung der zukünftigen Weltprobleme, auch wenn ihre aktuellen Strukturen noch nicht sehr überzeugen sind. Die UNO muss sicher noch strukturelle Fortschritte machen, um dereinst vielleicht sogar eine adäquate Weltregierung bilden zu können; evtl. kann die EU strukturell zu einem Vorbild für die UNO werden. Diese würde ich trotz – oder teils auch gegen – neue Formen der internationalen Politik, mit neuen Organisationen und Konferenzen, behaupten. Es ist und bleibt die UNO letztlich, in welcher die (ganze) Welt zusammenkommt; und daher muss auch auf dieser Institution der Hauptfokus liegen für die Lösung der Weltprobleme der Zukunft.

Ein paar bedeutende Zitate zum Völkerbund und zur UNO, und wie deren Bedeutung im Laufe der Zeit beurteilt wurde. Stärkere Worte zum Thema einer Weltregierung als jene nach den beiden Weltkriegen und der folgenden Zeit kann es vermutlich nicht geben. Ich spüre jedes Mal, wenn ich diese Zitate lese einen Schauer der Geschichte: es sind höchstbewegende Worte. Und diese Worte genügen eigentlich auch, um die Bedeutung dieses Postulats zu zeigen (heute kommt ja noch die Ökoproblematik dazu, was diese Bedeutung zusätzlich unterstreicht; zudem wird der Wunsch nach politischer Selbstbestimmung noch viele Regionen und Staaten erschüttern: man muss Wege finden, diese in vielen Fällen zu gewähren, ohne die Ordnung der Nationen zu gefährden). Man kann es drehen und wenden, wie man will: eine andere Lösung der Weltprobleme als eine zukünftige Weltregierung – in welcher Form auch immer – kann man grundsätzlich nicht erkennen. Das Andere haben wir ja schon ausprobiert – die wilde Anarchie unter den Staaten, oder auch die lose Vertragspolitik, und was daraus entstanden ist, haben wir auch gesehen (nämlich Kriege und Katastrophen). Und wir sprechen heute von einer Zeit und Zukunft mit noch schlimmeren Waffen und noch grösseren Herausforderungen. Demgegenüber weist die internationale Politik noch immer eine gewisse Primitivität auf, welche es zu überwinden gilt (zugunsten besserer Lösungen). Die Diskussionen und die Lösungsversuche auf der Weltebene dürfen nicht enden. Die weitere Entwicklung der Welt wird Fortschritte und Rückschritte bringen, leider auch immer wieder neue Probleme, die Hoffnung auf den ewigen Frieden aber bleibt.

Immanuel Kant (1795): "Das Völkerrecht soll auf einen Föderalism[us] freier Staaten gegründet sein. [...] Dies wäre ein Völkerbund, der aber gleichwohl kein Völkerstaat sein müsste. [...] So muss es einen Bund von besonderer Art geben, den man den Friedensbund (foedus pacificum) nennen kann, der vom Friedensvertrag (pactum pacis) darin unterschieden sein würde, dass dieser bloss einen Krieg, jener aber alle Kriege auf immer zu endigen suchte." (Immanuel Kant, in seiner Schrift "Zum ewigen Frieden", 1795*).

* Bekannt für die Idee eines ewigen Friedens in Europa wurde zuvor Charles Irénée Castel de Saint-Pierre, mit seiner Schrift "Projet pour ren-

dre la paix perpétuelle en Europe" (1713); ihm schwebte dabei eine Art europäischer Bund der Völker vor: die 'Union Européenne' (während zwischen der kantischen Idee und deren Umsetzung mit dem Völkerbund rund 125 Jahre vergingen, brauchte es für die Umsetzung der europäischen Union in der zweiten Hälfte des 20. Jahrhunderts also noch ein bisschen mehr Zeit!).

Woodrow Wilson (1919): "The arrangements of justice do not stand of themselves, my fellow citizens. The arrangements of this treaty are just, but they need the support of the combined power of the great nations of the world. And they will have that support. Now that the mists of this great question have cleared away, I believe that men will see the truth, eye to eye and face to face. There is one thing that the American people always rise to and extend their hand to, and that is the truth of justice and of liberty and of peace. We have accepted that truth and we are going to be led by it, and it is going to lead us, and through us the world, out into pastures of quietness and peace such as the world never dreamed of before." (Woodrow Wilson: Addres in Favour of the League of Nations, 1919).

Harry Truman (1945): "The world has experienced a revival of an old faith in the everlasting moral force of justice. At no time in history has there been a more important Conference, or a more necessary meeting, than this one in San Francisco, which you are opening today. [...] You members of this Conference are to be the architects of the better world. In your hands rests our future. By your labors at this Conference, we shall know if suffering humanity is to achieve a just and lasting peace. Let us labor to achieve a peace which is really worthy of their great sacrifice. We must make certain, by your work here, that another war will be impossible. We, who have lived through the torture and the tragedy of two world conflicts, must realize the magnitude of the problem before us. We do not need far-sighted vision to understand the trend in recent history. Its significance is all too clear. With ever-increasing brutality and destruction, modern warfare, if unchecked, would ultimately crush all civilization. We still have a choice between the alternatives: the continuation of international chaos – or the establishment of a world organization for the enforcement of peace." (Harry Truman, Address to the UN General Assembly [opening] – delivered from the White House by direct wire, 1945).

Albert Einstein (1947): "As I see it, this is the way for the nations of the world to break the vicious circle which threatens the continued existence of mankind, as no other situation in human history has ever done. We are caught in a situation in which every citizen of every country, his children, and his life's work, are threatened by the terrible insecurity which reigns in our world today. The progress of technological development has not increased the stability and the welfare of humanity. Because of our inability to solve the problem of international organization, it has actually contributed to the dangers which threaten peace and the very existence of mankind. [...] If [...] every citizen realizes that the only guarantee for security and peace in this atomic age is the constant development of a supranational government, then he will do everything in his power to strengthen the United Nations. It seems to me that every reasonable and responsible citizen in the world must know where his choice lies. [...] The United Nations now and world government eventually must serve one single goal: the guarantee of the security, tranquillity, and the welfare of all mankind." (Albert Einstein, Address to the General Assembly of the United Nations, 1947).

Haile Selassie (1963): "Does this Organization today possess the authority and the will to act? [...] If we are to survive, this Organization must survive. To survive, it must be strengthened. Its executive must be vested with great authority. The means for the enforcement of its decisions must be fortified, and, if they do not exist, they must be devised. Procedures must be established to protect the small and the weak when threatened by the strong and the mighty. All nations which fulfill the conditions of membership must be admitted and allowed to sit in this assemblage. Equality of representation must be assured in each of its organs. [...] The confidence must be created, and to create confidence we must act courageously. The great nations of the world would do well to remember that in the modern age even their own fates are not wholly in their hands. Peace demands the united efforts of us all." (Haile Selassie, Address to the General Assembly of the United Nations, 1963).

Papst Paul VI. (1965). "Les peuples se tournent vers les Nations-Unies comme vers l'ultime espoir de la concorde et de la paix: Nous osons apporter ici, avec le Nôtre, leur tribut d'honneur et d'espérance. Et voilà pourquoi pour vous aussi ce moment est grand. [...] Nous le savons, vous en êtes pleinement conscients. Ecoutez maintenant la suite de Notre Message. Il est tout entier tourné vers l'avenir. L'édifice que vous avez construit ne doit plus jamais tomber en ruines: il doit être perfectionné et adapté aux exigences que l'histoire du monde présentera. Vous marquez une étape dans le développement de l'humanité: désormais, impossible de reculer, il faut avancer." (Papst Paul VI., Discours du Pape à l'organisation des Nations Unies à l'occasion du 20ème anniversaire de l'organisation, 1965).

Michail Gorbatschow (1988): "I finish my first speech at the United Nations with the same feeling with which I began it: a feeling of responsibility to my own people and to the world community. We have met at the end of a year that has been so significant for the United Nations, and on the threshold of a year from which all of us expect so much. One would like to believe that our joint efforts to put an end to the era of wars, confrontation and regional conflicts, aggression against nature, the terror of hunger and poverty, as well as political terrorism, will be comparable with our hopes. This is our common goal, and it is only by acting together that we may attain it." (Michail Gorbatschow, Address to the General Assembly of the United Nations, 1988).

Javier Pérez de Cuéllar (1988): "We are now at a time of extraordinary hope and promise for the United Nations, after a long period when the spectre, and too often the grim reality of war have darkened our planet, there is a new mood of understanding and common sense, a new determination to move away from international conflict and devote ourselves instead to the immense task of building a better world. Recently, we have seen several conflicts give way to negotiation and conciliation. These developments have not been fortuitous. They are the result of diplomatic activity by the United Nations sustained over the years and intensified recently. Indeed, the prospects of realising the vision expressed in the Charter of the United Nations seem better today than at any time since the organization was founded." (Javier Pérez de Cuellar, Acceptance Speech on the occasion of the award of the Nobel Peace Prize in Oslo, 1988).

Kofi Annan (2006): "So many of the challenges we face are global. They demand a global response, in which all peoples must play their part. I deliberately say 'all peoples', echoing the preamble of our Charter, and not 'all states'. It was clear to me ten years ago, and is even clearer now, that international relations are not a matter of states alone. They are relations between peoples, in which so-called 'non-state actors' play a vital role, and can make a vital contribution. All must play their part in a true multilateral world order, with a renewed, dynamic United Nations at its centre. Yes, I remain convinced that the only answer to this divided world must be a truly United Nations." (Kofi Annan, Farewell to the General Assembly of the United Nations, 2006).

4. Kapitel

Kleiner Exkurs zur Geschichte der Schweizer Intellektuellen

Die Intellektuellen haben in der Schweiz keinen allzu guten Ruf, und normalerweise bezeichnen sie sich selber auch gar nicht so gerne als solche. Zur Zeit der grossen Weltschriftsteller Frisch und Dürrenmatt war das kurz ein bisschen anders – aber der Intellektuelle galt auch zu dieser Zeit im Volk wenig bis gar nichts. Er gilt als kritisch, denkerisch, träumerisch bis verträumt und wenig praktisch begabt (und das ist doch das Wichtigste für die Schweizer!). So schlecht auch der Ruf von Intellektuellen in der Schweiz sein mag: wenn man der Geschichte etwas nachspürt, tritt Erstaunliches zu Tage. Nämlich: dass die Philosophen, jedenfalls in der jüngeren Zeit, fast immer dabei waren, wenn es historisch wichtig war – so auch etwa bei der Gründung des Bundesstaates oder bei der Entwicklung der Direkten Demokratie. Die Intellektuellen hatten also nicht nur einen bedeutenden Einfluss in ihren spezifischen Gebieten, sondern sogar auch in der Politik. Das wissen die Schweizer nicht, aber auch sonst empfiehlt es sich vielleicht einmal, die Geschichte der Schweizer Intellektuellen aufzuarbeiten. Gebührend wäre dazu sicher ein ganzes Werk, aber dafür werde ich vermutlich keine Zeit aufbringen können (weil mich meine eigene Philosophie und mein eigenes Leben zu stark beanspruchen). Hier ist aber ein bisschen Platz gegeben für einen rudimentären Überblick.

4.1. Mystiker und Wunderheiler (13.-16. Jh.)

Studiert man die Geistesgeschichte der Schweiz – anhand der bekannteren Persönlichkeiten – so stösst man zuerst auf religiöse Figuren (die Schweiz wurde 1291 ja mitten im späteren Mittelalter begründet). Vor der Gründung der Eidgenossenschaft fand das Geistesleben – wie überall in Europa zu jener Zeit – vorwiegend in den Klöstern statt: zu nennen sind Mönche wie die Dichter Notker (um 840-912) oder Tuotilo (um 850-913). Allen voran muss aber Notker III. (auch: Notker Teutonicus, oder Notker der Deutsche, 950-1022) in der Klosterschule St. Gallen erwähnt werden, welcher bekannt ist als erster Aristoteles-Kommentator im Mittelalter! (Ich beziehe mich hier allgemein auf Intellektuelle und Gelehrte im Gebiet der heutigen Eidgenossenschaft zu allen früheren Zeiten.) Auch in der Anfangszeit der Eidgenossenschaft gingen die bedeutendsten Figuren natürlich noch immer oder ausschliesslich aus der Religion hervor. Von nationaler Bekanntheit bis heute ist der Eremit Niklaus von Flüe (1417-1487) im 15. Jahrhundert, welcher ja auch fast als Schweizer Landheiliger gilt (mit politischem Einfluss, notabene). Ein anderer bedeutender Mystiker ist etwa Glarean (oder: Glareanus, 1488-1563). Im 16. Jahrhundert waren es v.a. die protestantischen Reformatoren wie Huldrych Zwingli (1484-1531) und Heinrich Bullinger (1504-1575) in Zürich, Johannes Oekolampad (1482-1531) in Basel, Berchtold Haller (1492-1536) und Niklaus Manuel (1484-1530) – nebst Zwingli – in Bern, Johannes Calvin (1509-1564) in Genf, Guillaume Farel (1489-1565) in der Romandie. Zur selben Zeit lebte auch der Arzt, Universalgelehrte und Laientheologe Paracelsus (eigentlich: Philippus Theophrastus Aureolus Bombastus von Hohenheim, 1493-1541), der international bekannteste Schweizer Gelehrte jener Zeit (und vielleicht sogar aller Zeiten überhaupt [wenn man die eingebürgerten Intellektuellen beiseite lässt]). In der Schweiz gab es auch sonst immer wieder verschiedene bekannte Wunderheiler und Kurdoktoren (zu den bekanntesten zählt auch etwa Michel Schüppach im 18. Jahrhundert). Conrad Gesner (1516-1565) eröffnete die Reihe grosser Schweizer Naturforscher – er war (ebenfalls) Arzt, Naturforscher und Altphilologe. Aegidius Tschudi (1505-1572) gilt als der bedeutendste Historiker der Frühgeschichte der Alten Eidgenossenschaft, die eine grosse Tradition in der Geschichtsschreibung hat (und auch deswegen ist die Frühgeschichte der Schweiz noch immer so bedeutend).

4.2. Mathematiker, Naturforscher, Philologen (17./18. Jh.)

Johann Baptist Cysat (1586-1657) war ein bedeutender Mathematiker in Luzern. Bemerkenswert ist aber v.a. die Zeit der grossen Mathematiker in Basel, u.a. mit Jakob I. Bernoulli (1654-1705), Johann Bernoulli (1667-1748), Daniel Bernoulli (1700-1782) und Leonhard Euler (1707-1783), welcher auch philosophische Schriften verfasst hat. Ebenfalls zu erwähnen ist der Genfer Mathematiker Gabriel Cramer (1704-1752). Es war also die grosse Zeit der Mathematik in der Schweiz. In Bern gilt der (sogar von Goethe hochgelobte) Universalgelehrte Albrecht von Haller (1708-1777) als grosse Figur dieser Zeit. Für Zürich kann man den Arzt und Naturforscher Johann Jakob Scheuchzer (1672-1733) nennen (auch wenn seine Deutung der Fossilien als Überbleibsel der Sintflut heute etwas antiquiert anmutet) sowie die eigentlich ersten (reinen) Geisteswissenschaftler in der Deutschschweiz: die Philologen Johann Jakob Bodmer (1698-1783) und Johann Jakob Breitinger (1701-1776). Nicht nur die Mathematik, sondern auch die Sprache spielte also bereits eine bedeutende Rolle bei den frühen Intellektuellen in der Schweiz. In der Romandie traten zu dieser Zeit die Vertreter des (Westschweizer) Naturrechts auf: Jean Barbeyrac (1674-1744), Jean-Jacques Burlamaqui (1694-1748) und Emer de Vattel (1714-1767) – allesamt Juristen und Naturrechtsphilosophen. Sie waren verantwortlich für die Verbreitung der deutschen Naturrechtslehre in Frankreich. Das Naturrecht, wozu etwa die Menschenrechte gehören, steht (nach dieser Auffassung) über dem kulturell gesetzten oder (sogenannt) positiven Recht. Eine besondere Figur, die eher auf die ältere Zeit zurückverweist ist Jakob Ammann (1644? - vor 1730) – und so ist denn auch seine Lehre zu sehen: er war Täufer und Begründer der Amischen (bzw. Amischen Mennoniten) in den USA. Vielleicht eine bedeutende Figur auch für einen gewissen ländlichen, religiösen, konservativen Hang zum Althergebrachten in der Schweiz (auch wenn Ammanns Lehre damals nicht so gut ankam im eigenen Land).

Als ersten reinen Philosophen in der Schweiz könnte man Jean-Pierre de Crousaz (1663-1750) bezeichnen. Der Westschweizer Professor für Philosophie und Mathematik war ebenso ein Gegner des französischen Frühaufklärers Bayle wie der deutschen Rationalisten Leibniz und Wolff. Eine typische Haltung der Schweizer Philosophie scheint es auch immer wieder gewesen zu sein, die Philosophie ihrer grossen Nachbarstaaten kritisch zu beobachten – und teils auch eine Gegenposition dazu einzunehmen. Das ist natürlich nicht das einzige Motiv der Schweizer Philosophie, aber das Motiv der Gegenposition ist ebenso wie jenes der Aufnahme und Vermittlung (wie wir es bei den Westschweizer Naturrechtlern gesehen haben) ein bedeutendes Motiv (der frühen und teils auch späteren Schweizer Philosophie).

4.3. Aufklärer und Schriftsteller (18. Jh.)

Als grosse Gelehrte der Aufklärung gelten in der Deutschschweiz etwa: Johann Georg Sulzer (1720-1779), Isaak Iselin (1728-1782), Johann Caspar Lavater (1741-1801) und Johann Heinrich Pestalozzi (1746-1827) – dieser natürlich, auch als Begründer der Volksschule, eine der grössten geisteswissenschaftlichen Figuren in der Schweizer Geschichte überhaupt – ferner Charles Bonnet (1720-1793) in der Westschweiz. Mit diesen Persönlichkeiten gelangte das Geistesleben in der Schweiz zu einer grösseren nationalen sowie auch internationalen Bekanntheit. Bedeutend sind natürlich auch grosse Figuren im Zusammenhang mit der Französischen Revolution, vorab Jean-Jacques Rousseau (1712-1778) und Jean Paul Marat (1743-1793, ein Franzose, welcher im Kanton Neuenburg geboren wurde). Nicht zu vergessen: [Suzanne] Julie Bondeli (1732-1778), eine der bedeutendsten Schweizer Salonnières (neben der französischen Madame de Staël und deren Schweizer Mutter Madame Necker, eigentlich: Suzanne Curchod [1737-1794] in der Romandie – ihr Ehegatte Jacques Necker [1732-1804] war Bankier und Finanzminister unter dem französischen Sonnenkönig Louis XVI.). Der Mathematiker, Logiker und Philosoph Johann Heinrich Lambert (1728-1777) stammte aus Mülhausen, welches damals zur (erweiterten) Eidgenossenschaft gehörte; daher kann er hier ebenfalls (als Schweizer) genannt werden. Auch im Tessin regten sich die Geister, so etwa Fortunato Bartolomeo de Felice (1723-1789 – eingebürgert) oder Francesco Soave (1743-1806). In der Naturwissenschaft ist in dieser Zeit etwa Horace-Bénédict de Saussure (1740-1799) zu nennen. Die Zeit der Aufklärung war aber die erste Zeit, welche deutlich geisteswissenschaftlich geprägt war. Gleichzeitig ist damit auch die Begründung und

der Aufschwung einer belletristischen Schriftstellerei in der
Schweiz begründet: als erste bedeutendere Figuren gelten Salo-
mon Gessner (1730-1788), Ulrich Bräker (1735-1798) und Johann
David Wyss (1743-1818: "Der Schweizerische Robinson [oder der
schiffbrüchige Schweizer-Prediger und seine Familie]" wurde
zum ersten Welterfolg der Schweizer Literatur, engl. Swiss Fa-
mily Robinson [schon hier wird das Eigenartige im Schweizer-
tum etwas ausgeschmückt]).

4.4. Die Staatstheoretiker (18./19. Jh.)

Wir befinden uns an der Wiege zum modernen Bundesstaat
(1848). In dieser Zeit hatten v.a. die Juristen und Staatstheoreti-
ker eine grosse Bedeutung; zu nennen sind dazu etwa: Benjamin
Constant (1767-1830), Karl Ludwig von Haller (1768-1854) oder
Ignaz Paul Vitalis Troxler (1780-1866). Dieser schrieb nicht nur
eigenmächtig eine (natürlich nicht angenommene) Verfassung
für den neuen Bundesstaat, sondern er war auch der Begründer
von philosophischen Begriffen wie der Anthroposophie – später
verwendet vom bekannten österreichischen Anthroposophen
Rudolf Steiner – oder auch der Biosophie. Der Philosophiepro-
fessor Johann Rudolf Wyss (1782-1830) schrieb den Text zur
ersten Schweizer Nationalhymne ("Heil dir, Helvetia"). Charles
Monnard (1790-1865) gilt als Vorkämpfer des Liberalismus in
der französischsprachigen Schweiz. Ein sehr eigenwilliger Denker war der Genfer Ökonom Jean Charles Léonard Simonde de
Sismondi (1773-1842): er war einer der ersten und bedeutendsten Kritiker der Klassischen (englischen) Nationalökonomie
und geniesst dafür bis heute eine gewisse Bedeutung in der
Wirtschaftsgeschichte. Und also… wieder ein bedeutender Kritiker der zeitgenössischen europäischen Geisteskultur (diesmal
über die Nachbarschaftsländer hinaus).

4.5. Die Friedensnobelpreisträger (19. Jh.)

Der Kulturhistoriker Jacob [Christoph] Burckhardt (1818-1897)
fand international eine grosse Beachtung. Nietzsche, ebenfalls
Professor in Basel, verehrte den späteren Burckhardt, während

dieser den deutschen Philosophen aber auf Distanz hielt. Eines der bedeutendsten aktuellen Philosophielexika (das "Lexikon der philosophischen Werke") bezeichnet seine "Griechische Kulturgeschichte" als 'die bis heute wohl lebendigste und in ihrer Art einmalige Gesamtdarstellung des antiken Griechentums'. Der bedeutendste Naturforscher jener Zeit war [Jean] Louis [Rodolphe] Agassiz (1807-1873). In der Philosophie kann man Charles [Gabriel Rodolphe] Secrétan (1815-1895), Ernest Naville (1816-1909) oder Henri-Frédéric Amiel (1821-1881) nennen, auch den Staatsrechtler Carl Hilty (1833-1909). Der speziellste Gelehrte dieser Zeit war vermutlich Johann Jakob Bachofen (1815-1887) – er gilt als der Begründer des Mutterrechts (Matriarchat [in alten Kulturen]) und hat mit dieser speziellen Position eine internationale Bekanntheit erhalten. In der Ökonomie war, in der Erweiterung der Klassischen Nationalökonomie, die Lausanner (Grenznutzen-) Schule bedeutend (Pareto und Walras); sie gehörte zu den Bewegungen, aus denen schliesslich die Theorie der Freien Marktwirtschaft begründet wurde (mit der bekannten Angebots- und Nachfragefunktion). Das 19. Jahrhundert war jedoch kein grosses geistesgeschichtliches Jahrhundert in der Schweiz. Im Vordergrund standen v.a. die politischen Schwierigkeiten vor der Begründung des Bundesstaates und die demokratische Bewegung danach – eine Schweiz im ständigen politischen Umbruch war wohl kein ideales Terrain für eine geistesgeschichtliche Kultur. Der bekannteste Name dieser Zeit ist vermutlich jener vom Humanisten Henry Dunant (1828-1910), dem Begründer des Roten Kreuzes. Er bekam 1901 zusammen mit dem Franzosen Passy den ersten Friedensnobelpreis; im zweiten Jahr wurden zwei weitere Schweizer ausgezeichnet: Élie Ducommun (1833-1906) und Charles Albert Gobat (1843-1914), was zeigt, dass die Schweiz einen grossen Ruf in der europäischen Friedenssicherung genoss (leider reichte das jedoch nicht aus, um die beiden Weltkriege zu verhindern – nach dem Ersten Weltkrieg wurde aber immerhin der Völkerbund in der Schweiz angesiedelt). In der reinen Philosophie ist Carl Hebler (1821-1898) zu nennen, welcher die Deutschen Idealisten kritisierte und ihnen einen pragmatischen Idealismus entgegenstellte. Bedeutende belletristische Schriftsteller des 19. Jahrhunderts waren etwa Jeremias Gotthelf (eigentlich: Albert Bitzius, 1797-1854), Gottfried Keller (1819-1890) und Conrad Ferdinand Meyer

(1825-1898) sowie natürlich auch Johanna Spyri (1827-1901), welche mit ihren Heidi-Romanen nicht nur ein urschweizerisches Gefühl ansprach, sondern: sogar die erfolgreichste Schweizer Schriftstellerin aller bisherigen Zeiten ist.

4.6. Der Strukturalist und die Psychiater (19./20. Jh.)

Zum bedeutendsten Zweig der Geisteswissenschaften wurde zu dieser Zeit eigentlich... die Psychologie bzw. die Psychiatrie, etwa mit Auguste-Henri Forel (1848-1931) und Eugen Bleuler (1857-1939) – dem Erfinder von Begriffen wie Schizophrenie oder Autismus – oder etwas später: Édouard Claparède (1873-1940), Carl Gustav Jung (1875-1961), Pierre Bovet (1878-1965), Ludwig Binswanger (1881-1966) oder Jean Piaget (1896-1980). Die frühe Psychiatrie ist aber nicht nur in der Schweiz mit grossen Fragezeichen behaftet. Ferdinand de Saussure (1857-1913) setzte Massstäbe in der Sprachwissenschaft – seine Sprachphilosophie wird Strukturalismus genannt: die berühmten französischen Philosophen des Poststrukturalismus bezogen sich auf ihn. Bedeutend für die Schweizer Geschichte ist Eugen Huber (1849-1923), der Erschaffer des Schweizerischen Zivilgesetzbuches ZGB. Franz Eugen Schlachter (1859-1911) wurde bekannt für seine Bibelübersetzung (die sogenannte Schlachter-Bibel). In der Medizin/Chirurgie ist Theodor Kocher (1841-1917) eine herausragende Figur. Otto von Greyerz (1863-1940) gehörte zu den bedeutendsten Mundart-Schriftstellern jener Zeit, und er ist auch bekannt als Sammler von alten Volksliedern. Es war aber auch die Zeit der grossen Frauenrechtlerinnen wie Helene von Mülinen (1850-1924), Meta von Salis (eigentlich: Barbara Margaretha von Salis-Marschlins (1855-1929) oder Verena Conzett-Knecht (1861-1947), später auch etwa: Iris von Roten (1917-1990) oder Marthe Gosteli (geb. 1917), früher: Julie von May von Rued (1808-1875). Als grösster Schriftsteller zwischen dem 19. und dem 20. Jahrhundert gilt Carl [Friedrich Georg] Spitteler (1845-1924), welcher auch der erste Schweizer Nobelpreisträger für Literatur war.

4.7. Einstein und die Weltschriftsteller (20. Jh.)

Herausragend natürlich: der Physiker Albert Einstein (1879-1955
– eingebürgert); er wurde vom bedeutenden englischen Time-
Magazin zur Person Of The Century gewählt (selbst in Schweizer Umfragen kam er diesbezüglich meist auf Platz 1). Er gilt ja
in allen Ländern in denen er weilte (Deutschland, Schweiz,
USA) als eine der grössten Figuren der Geistesgeschichte überhaupt. Seine in der Schweiz begründete Relativitätstheorie ist
zum bedeutendsten Markstein eines ganzen Jahrhunderts
geworden (fragwürdig ist bis heute, welchen Anteil seine Frau
Mileva Einstein-Maric an seinen Leistungen hatte). Neben ihm
haben auch Charles Édouard Guillaume (1861-1938), Felix Bloch
(1905-1983), Heinrich Rohrer (1933-2013) und Karl Alexander
Müller (geb. 1927) den Nobelpreis für Physik gewonnen. Seit
fast 30 Jahren hat es aber keinen Nobelpreis mehr für die
Schweiz gegeben. Josias Braun-Blanquet (1884-1980) ist bedeutend für die biologische Richtung der Pflanzensoziologie. Selbst
im 20. Jahrhundert spielten die Theologen in der Schweiz noch
(oder vielmehr: wieder) eine sehr grosse Rolle, allen voran (mit
je sehr grosser Beachtung auch in Deutschland): Karl Barth
(1886-1968) und Hans Küng (geb. 1928), der Begründer von der
Forderung nach einem Weltethos. Bekannte Historiker sind
Edgar Bonjour (1898-1991) oder Jean-François Bergier (1931-
2009). Jean Rodolphe von Salis (1901-1996) wurde über die Lan-
desgrenzen hinaus bekannt als Radiokommentator im Zweiten
Weltkrieg – neben den beiden Weltschriftstellern Frisch und
Dürrenmatt gilt er als Inbegriff des (mitunter in der Schweiz
auch fichierten) Intellektuellen des 20. Jahrhunderts (gar als ein
verhasster und gesellschaftlich geächteter Kommunist galt Konrad Farner [1903-1974]). Auch in diese Sparte gehört sicher Jean
Ziegler (geb. 1934), ein aufmüpfiger und streitbarer Soziologe,
welcher zu den bedeutendsten Kritikern des Kapitalismus in der
heutigen Zeit gehört. Von Salis und Ziegler zählen auch zu den
bedeutenden nationalen intellektuellen und/oder humanisti-
schen Identifikationsfiguren – der Humanismus spielte im 20.
Jahrhundert noch einmal eine sehr bedeutende Rolle – wie auch
etwa ein Ernst Sieber (auch: Pfarrer Sieber, geb. 1927), Mani
Matter (eigentlich: Hans Peter Matter, 1936-1972) oder Kurt Imhof (1956-2015). Bei allen ist die geistesgeschichtliche Bedeutung

vielleicht weniger gross, wohl aber eben ihr nationaler (oder internationaler) Auftritt im 20. Jahrhundert. Dagegen steht der Genfer Islamwissenschaftler Tariq Ramadan (geb. 1962) als vermutlich bedeutendstes Beispiel für neue Intellektuelle in der heutigen Migration. Paul Klee (1879-1940 – nie eingebürgert übrigens, lebte aber vorwiegend in der Schweiz) gilt als einer der bedeutendsten Maler der Moderne, der Stararchitekt Le Corbusier (eigentlich: Charles-Édouard Jeanneret-Gris, 1887-1965) ist auch einer der international bekanntesten Schweizer des 20. Jahrhunderts.

In der gesellschaftlichen und kulturellen Bedeutung haben die belletristischen Schriftsteller bis ins 20. Jahrhundert die übrigen Geistesgrössen deutlich überholt (heute sehen wir eher wieder einen Rückgang in dieser Bedeutung, allerdings eigentlich in der Bedeutung des Intellektuellen überhaupt). Einige der bekanntesten Schriftsteller des 20. Jahrhunderts sind etwa: Carl Albert Loosli (1877-1959), Robert Walser (1878-1956), Charles-Ferdinand Ramuz (1878-1947), Blaise Cendrars (1887-1961), Max Frisch (1911-1991), Friedrich [Reinhold] Dürrenmatt (1921-1990), Hugo Loetscher (1929-2009), Paul Nizon (geb. 1929) und [Friedrich] Adolf Muschg (geb. 1934). Der Grosserfolg von Frisch und Dürrenmatt in Deutschland und der ganzen Welt ist vielleicht auch zu erklären mit einer gewissen Kulturschwäche Deutschlands nach dem Zweiten Weltkrieg: das war der ideale Boden für die neutrale Schweizer Stimme. Die beiden grossen Schweizer Weltschriftsteller gehörten in der zweiten Hälfte des 20. Jahrhunderts zu den bedeutendsten Stimmen der deutschsprachigen Literatur (ansonsten ist es ja eher schwierig für Schweizer Schriftsteller, in Deutschland Erfolg zu haben).

Philosophen und Philosophinnen im 20. Jahrhundert (u.a.): Anna[-Ester Pawlowna] Tumarkin[a] (1875-1951 – eingebürgert), Paul Häberlin (1878-1960), Carlo Sganzini (1881-1948), Karl Jaspers (1883-1963 – eingebürgert), Max Picard (1888-1965), Erich Brock (1889-1976), Ferdinand Gonseth (1890-1975), Magdalena Aebi (1898-1980), Hermann Gauss (1902-1966), Hans Barth (1904-1965), Jean Gebser (1905-1973 – eingebürgert), Denis de Rougemont (1906-1985), Jeanne Hersch (1910-2000), Michael Landmann (1913-1984), Hans F. Geyer (eigentlich: Hans Rütter,

1915-1987), Arnold Künzli (1919-2008), Jean Starobinski (geb. 1920), Henri Lauener (1933-2002), Hans Saner (geb. 1934), Elmar Holenstein (geb. 1937), Paul Good (geb. 1942), Peter Bieri (geb. 1944), Ludwig Hasler (geb. 1945), Georg Kohler (geb. 1945), Walther Christoph Zimmerli (geb. 1945), Emil Angehrn (geb. 1946), Jean-Claude Wolf (geb. 1953), Francis Cheneval (geb. 1962), Dominik Perler (geb. 1965), Alain de Botton (geb. 1969), Markus Wild (geb. 1971), Andreas Urs Sommer (geb. 1972), Alexandre Jollien (geb. 1975), Jonael Schickler (1976-2002), Jonas Pfister (geb. 1977), Yves Bossart (geb. 1983). Als bedeutendste Schweizer Philosophen des 20. Jahrhunderts könnten vielleicht Häberlin (für die erste Hälfte) und Arnold Künzli (für die zweite Hälfte) genannt werden. Häberlins Philosophie war konservativ und ontologisch ausgerichtet, Künzlis Philosophie links und marxistisch geprägt (beide waren auch stark beeinflusst von den je aktuellen deutschen Denkrichtungen [es gibt also nicht nur die Kritiker von Geistesgrössen aus anderen Ländern, sondern eben auch die Anhänger derselben]).

In der Philosophie sind im 20. Jahrhundert v.a. aber auch drei Perioden zu nennen, in welcher die Schweiz geradezu zur Drehscheibe der europäischen Philosophie wurde. In der Belle Epoque vor den beiden Weltkriegen bildete sich eine naturalistische, philosophische und künstlerische Gemeinschaft auf dem Monte Verità, die auch als Gral der Moderne bezeichnet werden (kulturgeschichtlich reicht die Bedeutung dieser Kommune vermutlich bis zum Woodstock-Festival 1969 in den USA). Zu den Gründern gehörten die Gebrüder Gräser, welche den Ideen des deutschen Sozialreformers Diefenbach folgten. Die Kommune zog viele Grössen der Geisteskultur an (Arp, Bakunin, Ball, Bloch, Hesse, Kropotkin, Hauptmann, Mühsam) – während des Ersten Weltkriegs wurde auch die Stadt Bern für kurze Zeit zu einem Zentrum des europäischen Geisteslebens (Ball, Benjamin, Bloch, Hesse, Lenin, Scheler), während des Zweiten Weltkriegs kam diese Funktion der Stadt Zürich zu (Brecht, Döblin, Mann, Musil?), die aber natürlich schon im Ersten Weltkrieg bedeutend war als Zufluchtsort für geflohene und ausgewanderte Intellektuelle. Überhaupt ist zu sagen, dass die Schweiz immer wieder viele Ausländer angezogen hat, auch in der Geistesgeschichte. Zählt man nur die ganz grossen Namen der Philosophie-, Gelehrten- und Intellektuellengeschichte der Schweiz auf (und ein paar weitere Philosophen dazu), so kommt man mit den Ausländern, den Eingebürgerten und den Schweizern selber vielleicht etwa auf folgende Liste: Althusius, Andersch, Andreas-Salomé, Bakunin, Ball, Ball-Hennings, Balzac, Barth, Bayle, Benjamin, Bernays, Berners-Lee, Bleuler, Bloch, Bochenski, Bonhoeffer, Brecht, Brentano, Büchner, Burckhardt, Calvin, Cendrars, Chaplin, Clausius, De Botton, De Maupertuis, De Saussure, De Staël, Dilthey, Döblin, Dunant, Dürrenmatt, Einstein, Einstein-Maric, Erasmus, Eucken, Euler, Feyerabend, Fichte, Frisch, Fromm, Godard, Gräser, Guareschi, Hegel, Herbart, Hersch, Herzen, Hesse, Holzapfel, Horkheimer, Jacobi, Jaspers, Joyce, Jung, Kardec, Keller, Kishon, Klages, Klee, Kleist, Korsch, Kropotkin, Knox, Küng, Lange, Lavater, Le Corbusier, Lenin, Lorhard, Mann, Marat, Marcuse, Musil, Nabokow, Nietzsche, Ohm, Paracelsus, Pareto, Pauli, Pestalozzi, Piaget, Piccard, Plechanow, Rilke, Röntgen, Röpke, Rousseau, Saint-Simon, Servetus, Simenon, Spyri, Steiner, Strawinsky, Strindberg, Trotzki, Tugendhat, Tumarkin, Voltaire, Von Haller, Von Mises, Von Neumann, Wagner, Walras, Wedekind, Windelband, Wundt, Zeller, Zuckmayer, Zweig (u.v.a. – sicher habe ich auch noch einige vergessen). Das ist doch eine sehr beachtenswerte Liste für ein relativ kleines Land, in welchem die Philosophie einen sehr niedrigen Stellenwert hat (und die Liste könnte natürlich beliebig verlängert werden, mit weiteren internationalen und nationalen Grössen [speziell erwähnen kann ich zusätzlich Gebser, Hebler und Troxler, drei Schweizer Philosophen, die für mich persönlich eine grössere Bedeutung haben, ebenso Andersch, welcher zwar kein Philosoph ist, aber einer meiner Lieblingsschriftsteller der Belletristik] – ebenso bedeutend ist auch eine Liste der Durchreisenden oder Kurzaufenthalter, zu welcher u.v.a. Goethe oder Mozart gehören, oder von den Philosophen ferner etwa Montaigne, Scheler oder Schelling). Die Schweiz war bekannt als Reiseland und Kurort, aber auch die Lage im Zentrum Europas und die bedeutenden Nachbarländer machten die Schweiz zu einem Ort, wo viele berühmte Menschen irgendwann einmal hinkamen (wenn wir in der Vergangenheit sprechen wollen – interessanterweise treten all diese vielen grossen Berühmtheiten selten bis gar nie in der Schweizer Öffentlichkeit auf – darum nimmt man sie hier auch nicht besonders wahr, sondern: sie leben hier eher zurückgezogen bzw. im kleineren Kreis). Natürlich wären entsprechende Listen in den grösseren europäischen Ländern noch bedeutender, schon alleine mit deren zahlreichen nationalen Weltgrössen, und vielleicht kommt es auch nur Schweizern in den Sinn, überhaupt eine solche Liste zu machen (vielleicht deswegen, weil sie sich dann etwas weniger weltabgewandt vorkommen hinter ihren sieben Bergen), aber trotzdem.

Keine Schweizer (sondern: Franzosen) waren übrigens: Claude Adrien Helvétius (1715-1771, französischer Materialist) und Albert Schweitzer (1875-1965, humanistischer Theologe). Sicher aber haben auch sie etwas, wenn nicht sogar einiges mit der Schweiz zu tun.

Dies ist natürlich nur die kürzestmögliche Form der Darstellung der Geschichte der Schweizer Intellektuellen. Mehr Zeit und Platz habe ich dafür vermutlich nicht; hier – in diesem kleinen Büchlein über die Schweiz (und deren Politik) – hat es aber gerade soviel Platz gehabt, um im Anhang quasi noch ein paar interessante Namen zu diesem Thema zu nennen. Es folgen noch drei kurze Texte zu drei Schweizer Philosophen, welche – u.a. – eine besondere Bedeutung für mich haben (und dazu auch noch ein Beitrag zu den beiden Weltschriftstellern Frisch und Dürrenmatt). Ich möchte dabei auch kurz eingehen auf die Eigenart von Schweizer Philosophen und der Schweizer Philosophie.

4.8. Speziell: Troxler und die fehlende Anerkennung

Die Schweizer haben gute Uhren, aber etwas wenig Zeit für Dankbarkeit. Und so kennt man auch jene schweizerischen Kulturpersönlichkeiten kaum bis gar nicht, welche in der neueren Zeit Grosses beigetragen haben zur heutigen Schweiz. Das ist mir erstmals so richtig aufgefallen beim Philosophen Ignaz Paul Vitalis Troxler (1780-1866), der nicht nur die wahre Eidgenossenschaft treffend beschrieb ("im Gegensatz zur Centralherrschaft und Kantonsthümelei") und sogar einen Verfassungsentwurf für den Bundesstaat versuchte, sondern auch etwa den

Begriff der Anthroposophie begründete (bevor Rudolf Steiner diesen in einer etwas abgewandelten Form weltberühmt machte). Noch bedeutender für die Begründung des Bundesstaates (und noch unbekannter) ist der Arzt und Pfarrerssohn Johann Georg Stokar (von Neunforn, 1736-1809), welcher als einer der Begründer der Helvetischen Gesellschaft 1777 in seiner Präsidialansprache erstmals die Idee präsentierte, dass die eidgenössischen Kleinstaaten einen Teil ihrer Souveränität an einen schweizerischen Bundesstaat abgeben sollten (die 1761 gegründete Helvetische Gesellschaft, u.a. mit den Philosophen Hans Caspar Hirzel [erster Vorsteher] und Isaak Iselin, wurde 1848 aufgelöst; sie strebte die schweizerische Einheit an [v.a. gegen die konfessionellen Auseinandersetzungen]). So gross die mythischen Tells und Winkelrieds der Urzeit sind – die Nationalisten sagen es uns heute immer wieder und überdeutlich – so wenig geschätzt werden die grossen Figuren der neueren Zeit (und vielleicht ist es gerade deshalb so einfach, die alten Mythen heute wieder über ihr gebührendes altes Mass hinaus zu erhöhen und fast gar über die aktuelle Zeit zu stellen – und so ist es auch möglich, dass man trotz der besten und modernsten Uhren, geistlich auf einen Schlag um über 700 Jahre zurückfallen kann). Wenn wir hier schon gerade beim Einfluss der Philosophen auf die Schweizer Geschichte sind, so muss man erwähnen, dass auch bei den Köpfen, welche – sehr bedeutend zuerst im Kanton Zürich (nach anderen, noch früheren kantonalen Vorstössen) – im 19. Jahrhundert die Direkte Demokratie begründeten, ebenfalls ein Philosoph dabei war, sogar ein recht bekannter, wenn auch ein ausländischer: der deutsche Philosoph Friedrich Albert Lange (1828-1875), welcher sich vorübergehend in Winterthur niedergelassen hatte. Die Intellektuellen spielten in der Schweizer Politik früher eine sehr bedeutende Rolle. Im 20. Jahrhundert standen sie dann mit Max Frisch oder Friedrich Dürrenmatt, Arnold Künzli oder Konrad Farner, Jean Ziegler oder Kurt Imhof, u.a., irgendwie neben dem System und wurden von gewissen Leuten teils sogar als Gegner der Schweiz empfunden (und so ist auch heute noch die Einschätzung von Intellektuellen oder Philosophen, und ähnlichem, in der Schweiz offenbar eine recht heikle Sache [ich hoffe, dass ich die allgemeinen Einschätzungen mit diesen Erwähnungen hier wenigstens ein bisschen neutralisieren kann, und möchte vielleicht auch

andeuten, dass die Intellektuellen von heute in einer fortge-
schrittenen Zeit und veränderten Weltlage auf einer schwierigen
neuen Sinn- und Gelegenheitssuche sind; vielleicht ist auch
deswegen in der grossen Öffentlichkeit von ihnen derzeit etwas
weniger zu vernehmen als ehedem]). Was die Philosophen in
Deutschland und anderen grossen Kulturnationen teils vielleicht
fast ein bisschen zu viel an Beachtung erhalten haben, das haben
sie – v.a. auch im Nachruf – in der Schweiz sicher zu wenig
erhalten.

4.9. Speziell: Das Beispiel von Hebler

Als (kleines) Beispiel für einen fast gänzlich unbekannten, aber
gar nicht so uninteressanten Schweizer Philosophen möchte ich
Carl Hebler anführen – ein Berner Philosoph im 19. Jahrhundert
(offenbar während seines ganzen Lebens ein vollkommen
unauffälliger und intellektuell in sich zurückgezogener Mensch,
welcher in Deutschland Philosophie studiert hatte). In einer
kleinen Schrift über ihn habe ich folgendes gelesen: "Schon dass
es Hebler keineswegs wichtig schien, seine Philosophie in Form
eines Systems darzustellen, ist typisch schweizerisch. Philosophie als System war und ist den Schweizern im Allgemeinen etwas Fremdes. Diese Gleichgültigkeit gegenüber systematischer
Vollständigkeit und Geschlossenheit hat ihren tieferen Grund in
der allgemeinen praktischen Einstellung des Schweizers [...]."
Dies schrieb Frau Lina Bärtschi aus Sumiswald (in einer Inau-
gural-Dissertation über Hebler, aus dem Fundus der philosophischen Bibliothek der Universität Bern, 1944). Eine solche
Pragmatik sagt man indessen auch etwa den Briten und US-
Amerikanern nach (falls der Unterschied zwischen dem Praktischen und dem Pragmatischen als relativ gering eingeschätzt
wird), die haben aber systematische Philosophen (zumindest
solche, die sich in der systematischen Philosophie versucht haben). Und es stellt sich die Frage, wenn die Schweizer doch so
praktisch sind (und so stolz darauf), warum dann keiner von
ihnen ein praktisches System in der Philosophie begründet hat
(die Politik reicht dazu nicht aus – und man vergesse nicht die
ganzen hochsystematischen Wissenschaften, die alle aus der
Philosophie stammen: noch Newton verstand sein naturwissen-

schaftliches Denken als Philosophie). Nun könnte ich als systematischer Philosoph (zumindest in meiner Grundphilosophie – dessen mehrschichtiges System sich aber in einem gewissen Sinn auch gegen alle spezielle bzw. spezifische Ideologie wendet) geradezu erschüttert sein, was ich natürlich aber nicht bin, da ich auch schon festgestellt habe, dass die Schweizer philosophischen Systemen gegenüber eher etwas abgeneigt sind. Woher diese Abneigung zum Systematischen in der Philosophie kommt, kann ich nicht genau sagen – im Alltags- und Politikleben gilt der Schweizer doch eher eigentlich als sehr systematisch!? Wir haben ja auch gesehen, wie systematisch die schweizerische Parteienlandschaft angeordnet ist. Nun, wie auch immer: mein Ziel ist ganz sicher nicht, typisch schweizerisch zu sein, schliesslich würden wir auch von einem Philosophen nicht viel halten, dessen oberstes Ziel es wäre, typisch deutsch oder typisch französisch zu sein (obwohl es in Europa länderspezifische Vorstellungen von Philosophie gibt – so gelten etwa die Deutschen als idealistisch, die Franzosen als materialistisch oder die Engländer als pragmatisch, u.a. [und die Schweizer könnten vielleicht eine Mischung von dem allem bzw. eine guteuropäische Mischung sein]). Die Aussage, wonach die schweizerische Philosophie nicht systematisch ausgerichtet ist, gilt übrigens bis in die heutige Zeit (Beispiele dafür sind etwa Saner oder Bieri, auch De Botton, usw. usf., etc. etc.). Das lässt aber vermutlich auch erahnen, warum die Schweizer Philosophie in der Philosophiegeschichte Europas und der Welt praktisch keine Rolle spielten – weil die schweizerische Philosophie nämlich, so unsystematisch, wie sie ist, für die Anderen nur schwierig fassbar erscheint. Die Schweizer halten die Philosophie im Allgemeinen für etwas Unnötiges. Die typische Philosophie der Schweizer wäre also, wenn man es erörtern würde, keine (spezifische) Philosophie zu haben (und auch keine haben zu wollen). Wie auch immer: die interessante Aussage der Studentin – aus dem Jahr 1944 – zeigt, dass in der früheren Zeit der nationalistischen Philosophien (die Wissenschaft war ja schon längst europäisch, als die Philosophie noch immer nationalistisch oder quasi-nationalistisch geprägt war), auch die Schweiz ihre ganz spezifisch eigene (philosophische) Position hatte. Vielleicht müsste man sie nur wieder suchen, so dass auch die Philosophen wieder eine Heimat in der Schweiz finden würden. Eine Heimat, die offenbar auch Hebler etwas verloren hatte, übrigens: denn es wird von ihm gesagt, er sei zwar nach seinem Deutschlandaufenthalt nach Bern zurückgekehrt, habe hier mehrheitlich aber nur noch hochdeutsch gesprochen.

4.10. Speziell: Gebser und das integrale Bewusstsein

Zur grossen heutigen Bedeutung der Integration in der Politik ist philosophisch der Begriff des integralen Bewusstseins zu nennen. Dies ist der Hauptbegriff des (eingebürgerten) Schweizer Philosophen Jean Gebser (1905-1973, siehe: in seinem Hauptwerk "Ursprung und Gegenwart", 1949-1953). Dieser Begriff schien in Europa nach dem Zweiten Weltkrieg quasi in der Luft zu liegen (interessant dazu vielleicht auch das sogenannte Panideal [All-Ideal] von Rudolf Maria Holzapfel, aus der [philosophisch sozial- und lebens-] reformerischen Belle-Epoque-Zeit vor dem Ersten Weltkrieg, 1901 – das war diese spannende, verhaltene, halb revolutionäre und halb reaktionäre Aufbruchszeit zu welcher auch etwa Steiner, Gesell oder Diefenbach gehörten, die wiederum auf die gefühlsbetonte Zeit der Romantik vom Ende des 18. Jahrhunderts bis weit in das 19. Jahrhundert zurückgeht, von einer offeneren und freieren Kultur [mit Auswirkungen bis Woodstock 1969, denn diese europäische Bewegung setzte sich in den USA fort, und weit darüber hinaus], die jäh unterbrochen wurde durch zwei schlimme Weltkriege im Verlauf der ersten Hälfte des 20. Jahrhunderts [diese Entwicklung ist heute besonders interessant übrigens, da wir wieder in der Zeit einer – hoffentlich etwas weniger heftigen – Reaktion stehen, denn auch die Reaktionäre wollen ihren Tribut haben, und die Welt ist noch lange nicht bereit für ihre ganzen Möglichkeiten – dies in einem positiven Sinn und Geist gemeint, natürlich.]). Bei Gebser sehen wir ein anderes Problem vieler Schweizer Philosophen, und vielleicht würde ich mich hierin gar nicht einmal ausnehmen: es ist ein gewisses Manko darin, die Ideen adäquat zu verkaufen (vor einem Fachpublikum wie auch vor einer Allgemeinheit, notabene). In Gebsers Hauptwerk ist ein sehr interessantes System gegeben, welches eben hinausläuft auf die Erhebung des Begriffs vom Integralen – man hätte auch den Begriff der Integration nehmen können, welcher zu jener

Zeit aber natürlich noch nicht so populär war. Das ist eine zu dieser Zeit grossartige philosophische Idee: darum herum aber hat Gebser zu viel fabuliert, was eigentlich gar nicht zum Thema passt (oder in seinem Fall: eigentlich eben doch), und statt: dass er das Thema noch klarer und breiter ausführte, bis in alle philosophischen Tiefen hinein und alle philosophischen Weiten hinaus, geht es am Ende fast unter in einem umfangreichen aber wenig konzentrierten Werk. Den Schweizern, oder vielen Schweizern, fehlt vielleicht eine gewisse Professionalität in der Publikation, aber man kann diese Halbprofessionalität auch einfach hinnehmen und es als Teil der gegebenen Authentizität sehen – letztlich geht es um die Ideen und die Philosophie, und das ist alles; und aus den Büchern muss man das herausnehmen, was man darin findet – vielleicht ist auch eine grosse Weltoffenheit verbunden mit einer angeborenen Provinzialität typisch und verantwortlich für diese Eigenartigkeiten von schweizerischen Publikationen, wozu vermutlich Dürrenmatt das grösste und typischste Exempel wäre: der provinzialistische Weltschriftsteller – und Dürrenmatt ist auch eine Ermutigung dazu, die schweizerische Eigenheit auch in der Weltliteratur zu wahren). Gebser könnte heute vielleicht zu den bedeutendsten Philosophen des 20. Jahrhunderts gehören, wenn er seine Grundidee noch etwas besser ausgearbeitet hätte. Trotz alledem: die Schweizer Philosophie ist viel interessanter, als man gemeinhin denkt (falls man weiss, dass es so etwas wie Philosophie in der Schweiz überhaupt gibt [ich gehe tatsächlich davon aus, dass viele Schweizer das gar nicht wissen, während man doch in Deutschland, Frankreich oder England zumindest weiss, dass es eine recht bedeutende Philosophie im eigenen Land gibt]).

4.11. Und noch einmal... Frisch und Dürrenmatt

Man kann die grosse Bedeutung dieser Beiden für die Schweizer Kultur des 20./21. Jahrhunderts nicht genügend herausheben. Ich muss sie auch herausheben in der Bedeutung für mein Schaffen und Werk, für mein Verständnis für die Literatur und für mein Interesse daran – vermutlich sind bzw. waren Frisch und Dürrenmatt für mich bedeutender als alle schweizerischen Philosophen bis dato zusammengenommen. Sie haben, wie keine anderen Kulturschaffenden der Schweiz je, gezeigt, dass Schweizer trotz ihrer sprachlichen Schwierigkeiten bedeutende Weltliteratur schaffen können – immerhin ist für den Schweizer die Mundart seine eigentliche Sprache (und eine Schriftsprache hat er natürlicherweise eigentlich gar nicht! [und es kommt hinzu, dass die Deutschen, und die übrigen Nachbarn auch, den Schweizer zuerst einmal als kleinen Schweizer ansehen]). Wenn sie das nicht gezeigt hätten im 20. Jahrhundert, dann wüssten wir das heute nicht (jedenfalls nicht in dem Umfang und Ausmass, welches ihnen beschieden war). Möglich war das vermutlich auch aufgrund einer gewissen Kulturschwäche in Deutschland nach dem Zweiten Weltkrieg. Denn: weil die Deutschen (und auch die Österreicher, notabene) in dieser Zeit keine übergrossen Schriftsteller hatten, war es für die Schweizer erst möglich in diese Phalanx einzubrechen, und vermutlich nach der Zeit Brechts zu den bedeutendsten Dramatikern im deutschsprachigen Raum aufzusteigen. Und damit ist es ihnen gelungen, den langen Schatten des kleinen Schweizers für einmal zu überwinden. Leider haben sie keinen Nobelpreis für ihr grosses Werk bekommen – dies vermutlich deswegen, weil zuvor schon Spitteler 1919 und (der eingebürgerte) Hesse 1946 diesen höchsten Preis der Literatur bekommen hatten – je nach den beiden Weltkriegen übrigens (wohl auch als Hommage an die neutrale Schweiz). Vier Schweizer in einem Jahrhundert wären vermutlich zu viele gewesen (man hätte ja beide auszeichnen müssen, weil sie so ebenbürtig erschienen sind). In der Schweiz freilich wurden die Beiden auch in die allgemein beliebte Intellektuellenkritik hineingezogen. Von Frisch ist sogar bekannt, dass er von der Staatssicherheit bespitzelt wurde (als einer von vielen Linken, im Vorfeld der sogenannten Fichenaffäre 1989). Auch das ist ein Umgang mit Dichtern und Denkern, welcher zu denken gibt (v.a. auch: wenn es Leute von dieser Grösse und Bekanntheit betrifft). Die Beiden sind 1990 und 1991 verstorben – just vor der 700-Jahr-Jubiläumsfeier der Eidgenossenschaft, wie aus einem Protest heraus, welchen man an die nächsten 700 Jahre weitergeben möchte: dass kritisches Denken in einem (direkt-) demokratischen Staat wohl hinterfragt, aber nicht unterdrückt werden sollte. Wenn ich an die Nachkriegsschweiz denke, dann denke ich zuerst an Frisch und Dürrenmatt: das zeigt, wie bedeutend mir die Kultur im Allgemeinen ist und diese beiden grossen Schweizer Kulturschaffenden im Besonderen sind. Vielleicht müssen wir Kultur heute anders deuten, als es in der Klassik der Antike der Fall war (obwohl auch ich in einer modernen Kultur nicht ganz alles durchgehen lassen würde). Kultur, im Sinne von Kunst als Kultur – das ist eine Brücke, zu verschiedenen Orten, und auch zu entfernter liegenden Orten der Gesellschaft (eine Brücke, die wichtig ist für... die [Gesamt-] Kultur). Das schweizerisch Eigenartige finden wir natürlich eben auch bei Frisch und Dürrenmatt – und wie!

Zuletzt steht hier in diesem Zusammenhang diese eigenartige Aussage von Dürrenmatt, die ich einmal so stehenlassen möchte (von einem Autor, welcher – im Gegensatz zu Frisch – eigentlich kein ausgesprochener Sozialist war): "Kein Staat fusst so sehr auf der Gerechtigkeit wie die Schweiz. [...] Es ist Sache des Staates, die Gerechtigkeit zu verwirklichen. [...] Wir müssen begreifen, dass wir an einem Wendepunkt der Geschichte stehen. Eine zukünftige Schweiz ist nur als sozialster Staat der Welt denkbar." [Friedrich Dürrenmatt: "Meine Schweiz – Ein Lesebuch", Text: Vom Ende der Schweiz, aus seinem Nachlass: nicht genau datierbar].

5. Kapitel

Die Definition und Deklarierung
meiner Philosophie...

...ist eigentlich eine ganz einfache Sache. In einer Kurzform kann ich meine Philosophie – wie sie bisher v.a. in meinem ersten Buch, "Postmoderne Ontologie" (2003), gegeben ist – wie folgt beschreiben. Die Philosophie hat für mich fünf Grundgebiete: Metaphysik (oder: erste Philosophie), Systematik, Logik, Ethik und Politik. In meinem ersten Buch habe ich insbesondere die Systematik ausgeführt, wogegen die anderen Gebiete noch nicht ausführlich geklärt wurden. Ich habe dabei eine Systematik vom (Da-) Sein (mit fünf verschiedenen Dimensionen: des [Da-] Seins, des Lebens, des Glaubens, des [Nach-] Denkens, des Handelns [sowie des Nicht-Handelns und ferner auch des Gut-Handelns]). In diesem Buch habe ich bis hierhin meine politischen Überzeugungen genauer dargelegt (gleichzeitig arbeite ich an meinem dritten Buch, in welchem die Metaphysik und die Logik genauer ausgearbeitet werden – grundsätzlich ist zur Metaphysik zu sagen, dass das [Da-] Sein die Grunddimension in meiner Philosophie bildet, und grundsätzlich ist zur Logik zu sagen, dass sie in einer vieldimensionalen Systematik auch vieldimensional aufzufassen ist: d.h. es gibt eigentlich keine Logik, welche alle Dimensionen absolut durchzieht, sondern: die jeweilige Logik ist abhängig von der jeweiligen Dimension vom [Da-] Sein, wie sich spätestens in der Dimension vom [Nach-] Denken zeigt, in welcher der Faktor der Phantasie vieles möglich, und auch logisch, macht, was in den anderen Dimensionen unlogisch wäre). Die Systematik (und die ihr zugrundeliegende Metaphysik) sehe ich der analytischen Verstandestätigkeit entsprungen: durch Ableitung, und zwar durch Ableitung von der heutigen Erscheinung der Welt (bzw. vom heutigen Welt-Phänomen). Wir können nicht vom Anfang ausgehen, wenn wir ihn nicht kennen, sondern: wir können nur von der heutigen Welt ausgehen und diese analysieren. Dann kommt man – meiner Meinung nach – zu den verschiedenen Dimensionen vom (Da-) Sein und schliesslich zum (Da-) Sein selber als Urgrund: wenn man sich nämlich überlegt, was allem (heute) Vorhandenen zugrunde liegen muss, wenn es ein heute Vorhandenes (oder nach Heidegger: Zuhandenes) ist. Glücklicherweise ist die Welt in einem stetigen Aufbau begriffen, wie wir zumindest annehmen müssen, und so geht auch nichts Wesentliches in der Welt je wirklich verloren; und daher können wir in der Analyse durchaus eben von der heutigen Welt ausgehen. Umgekehrt sind die Politik und die Ethik von der synthetischen (oder: synthetisierenden, also: zusammenfügenden) Vernunft her anzugehen. In Vernunftangelegenheiten müssen wir zuerst das Ziel sehen, wenn wir sie erörtern wollen. Das oberste Ziel der Politik ist Ruhe und Ordnung (besser: Frieden in Gerechtigkeit) – das ist natürlich nicht das einzige Ziel der Politik, aber doch das oberste, wie das Gegenteil zeigt: wenn wir Unruhe und Unordnung (und Unfrieden in Ungerechtigkeit) sehen, so können wir nicht von einer vernünftigen Politik sprechen. Die Polis (d.h. die vielfältige Gemeinschaft) soll möglichst gut organisiert sein. Politisch gilt daher für mich der Satz von Aristoteles und Konfuzius, wonach die Tugend auf die Mitte zielt – der bedeutendste Philosoph des Westens und der bedeutendste Philosoph des Ostens kamen nämlich in der Antike zum genau gleichen Schluss, was die Tugend betrifft. Ich will nichts Neues erfinden, wo das Alte schon gut genug ist. Was in der Politik, gerade in der heutigen extrem polarisierten Politik, philosophisch relativ leicht einsehbar ist, gestaltet sich in der Ethik etwas schwieriger. Gilt der Satz der Mittetugend auch für die Ethik bzw. ist das auch der oberste Satz der Ethik? Ich sehe in der Ethik – nach reiflicher Überlegung – drei verschiedene Stufen: 1. Perfektion, 2. Mediation, 3. Kondition. Wenn wir nicht gleich das Eine finden, kommen wir häufig auf die Drei. Im Bereich der Kondition sehe ich etwa den Common Sense, häufig z.B. in Sprichwörtern und Redensarten, ferner aber auch: die juristischen Gesetze sowie die Ideologien bzw. Denk- und Glaubensrichtungen. All diese Dinge bedeuten für uns mehr oder weniger konkrete Handlungsanweisungen, d.h. Anweisungen, die uns mehr oder weniger konkret konditionieren. Diese sind zwar relativ eindeutig, aber sie betreffen auch nur ganz konkrete Situationen und sind daher nicht allgemeingültig. Der Bereich der Mediation enthält den besprochenen Mittetugendsatz von Aristoteles und Konfuzius. Dazu auch die Trinität, insbesondere jene von Freiheit, Gleichheit und Brüderlichkeit (welche auch eine dialektische Trinität ist, indem die Brüderlichkeit eigentlich auch aus der Freiheit und der Gleichheit hervorgeht [der dritte Aspekt ist gleichzeitig eine Synthese eines Dualismus wie auch ein neuer gleichwertiger Aspekt in der Trinität]). In der Mediation geht es immer um eine Art der Vermittlung und/oder eine Ausmittelung. Das ist auch eine bedeutende Form der Ethik, welche wir immer dann gebrauchen können, wenn wir keinen konkreten Verhaltenssatz zur Verfügung haben, und im Speziellen dann, wenn wir Entscheidungen zwischen zwei Extremen treffen müssen. Im Einzelfall kann es sogar richtig sein, ein Extrem zu vertreten, im Allgemeinen aber ist doch die Mitteposition die ethisch bessere (was sicher leicht zu beweisen ist, etwa dadurch, dass die permanente oder absolute Wahl eines Extrems zu einem immer extremeren Extrem führen muss, aber ich möchte hier nicht grosse und lange Beweise anführen, sondern nur ganz kurz meine Philosophie definieren und deklarieren). Der dritte Bereich ist jener, mit welchem sich die Ethik meistens beschäftigt, nämlich jener der Perfektion. Ich habe in der Geschichte der Ethik der Perfektion drei Hauptsätze gefunden: 1. die sogenannte Goldene Regel (welche wir in den Evangelien im Neuen Testament der Bibel finden, eigentlich aber in verschiedenen Formen in jeder Religion sowie auch bei Konfuzius), 2. der Satz vom Guten bei Paulus, 3. der Kategorische Imperativ von Immanuel Kant. Im ersten Fall ist der ethische Bezugspunkt der (oder das) Andere: man soll dem Anderen nichts antun, was man nicht wünscht, dass es einem selber getan wird. Eigentlich geht es hier nur um Personen – man könnte den Satz zwar ausdehnen auf das Sachliche, aber dann würde er nicht mehr der ursprünglichen Konzeption entsprechen. Im zweiten Fall ist der ethische Bezugspunkt das Gute. Paulus sagt z.B. etwa, man soll alles bedenken, aber das Gute behalten, oder man soll das Böse mit Gutem überwinden – immer wieder spricht er vom Guten. Warum? Jesus hatte doch die Goldene Regel angeführt. Paulus aber hörte nicht nur darauf, was Jesus gesagt hat, sondern: er fragte auch danach, was Jesus getan hat. Und da ist er auf dies gekommen: Jesus hat das Gute getan, also ist das Gute der oberste Faktor der Ethik. Die Handlungsanweisung Pauli lautet also etwa: Tue (stets) das Gute, oder: Handle so, dass dein Handeln dem Guten dient. Im dritten Fall wiederum ist der ethische Bezugspunkt das Allgemeine. Kant fasste die Ethik sehr gesetzlich auf [es gibt ja auch eine Dreiheit von (Lebens-) Moral, (philosphischer) Ethik und (juristischem) Gesetz]. Die Ethik muss in einem modernen Staat, in welchem die Bürger darüber befinden, auf das Gesetz zielen, meinte Kant. Und so kam er auf seinen ethischen Satz, wonach man so handeln soll, dass das eigene Handeln stets auch einer allgemeinen Gesetzgebung dienen könne. Auch dieser Satz zielt – wie auch die beiden anderen – auf die reine Perfektion. Welcher der drei Sätze ist aber nun der oberste? Im Grunde genommen könnte man sagen, dass alle diese Sätze eigentlich auf das Selbe zielen: das Un-Eigene (oder: andere bzw. auf den Anderen gerichtete) ist leicht einsehbar nahe beim All-Gemeinen. Wieso aber ist es je auch das Gute? Wir können sagen: weil es uns zumindest dazu zwingt, das Andere auch zu bedenken. Wenn wir keinen solchen Satz der ethischen Perfektion haben, dann denken wir vermutlich, dass unser eigenes Handeln immer das Beste oder zumindest meistens das Richtige sei. Haben wir aber einen solchen Satz, so kommen wir ins Überlegen, und genau dies will ja die Ethik mit uns anstellen. Sie will uns dazu bringen, unser Handeln etwas genauer zu überdenken. Das ist alles – mehr kann auch die Ethik trotz all ihrer tollen Sätze nicht erreichen, denn ein guter Satz alleine macht noch lange keinen guten Menschen, aber er kann den Menschen zum Nachdenken bringen. Mir persönlich gefällt eigentlich der Satz von Paulus am Besten, aber ich würde nicht sagen, dass die anderen schlechter sind. Kommt es darauf an, ob wir uns fragen: 1. Was möchte der Andere?, 2. Was möchte das Gute?, oder 3. Was möchte das Allgemeine? Ich denke, der Unterschied ist nicht allzu gross (und vermutlich kommen wir mit all diesen Fragen zu ähnlichen Ansichten). Wir könnten also sagen: Handle so, dass du dem Anderen nicht schadest, das Gute tust und dem Allgemeinen dienst. Das wäre quasi ein multiperfektionistischer Satz der Ethik. Wenn wir eine konkrete Kondition haben, würden wir in einer konkreten Situation vielleicht dennoch eher diese bevorzugen, während die Ebene der Perfektion bedeutend ist für grundsätzliche Überlegungen und Erwägungen zur Ethik unserer Handlungen; und schliesslich steht eben auch noch das Mittlere zwischen dem ganz Alltäglichen und dem ganz Grossen und Hohen. Noch einmal aber: in

geisteswissenschaftlichen Vernunftüberlegungen gilt es, so oder
so, das Ziel einzubeziehen: Frieden in Gerechtigkeit. Die Perfek-
tionssätze bedeuten den Weg, dies aber ist das Ziel. Und: der
Weg ist das Ziel, oder: das Ziel ist der Weg (denn: der Weg führt
zum Ziel, oder: das Ziel führt zum Weg). Und das (oberste) Ziel
ist für alle Geistes-, Kultur- und Sozialwissenschaften das Selbe
(nach Aristoteles: das Glück der Menschen, oder: das Glück
überhaupt).

Es war mir wichtig, meine Philosophie hier kurz auch noch
darzustellen. Es ist mir nämlich aufgefallen, dass Leser meiner
(Internet-) Texte, welche mein (erstes) Buch nicht gelesen haben,
sich vermutlich gar nicht so klar darüber sind, worin meine
Philosophie denn eigentlich genau besteht, da ich meist auch
etwas fabulierend über die Dinge rede und v.a. auch immer sehr
viele Themen behandle. Natürlich sage ich nicht in jedem zweiten Satz, in welchem Zusammenhang das jeweils Betrachtete mit
meinem philosophischen Grundsystem steht. Ein System ist
nicht dafür da, damit man die Wirklichkeit in all ihren Facetten
immer in das philosophische System hineinpresst: dieser Versu-
chung der Propaganda für das eigene System bin ich nie erle-
gen. Sondern: ein System zeigt nur ein Grundverständnis der
Welt auf. Man kann auf dieses Grundverständnis zurückkommen oder von diesem ausgehen. Es geht ja bei den einzelnen
Phänomenen nie um die ganze Welt, jedenfalls betrachten wir
die Phänomene nicht so, sondern: es geht um ein ganz bestimmtes Phänomen, welches in einem gewissen – oft schwer genug
zu erfassenden – Zusammenhang steht. Wir sprechen häufiger
von Phänomenen und Situationen als von Systemen – das gilt
selbst für den Systematiker. Die Welt liegt quasi dahinter, und
sie bekümmert uns als solche nicht in jedem einzelnen Moment
unseres Lebens, sondern eigentlich nur in eher wenigen Momen-
ten. Trotzdem gibt es Philosophen, welche sich exakte Gedanken
zu diesen dahinterliegenden Gründen machen und daraus auch
ein System der Weltanschauung begründen möchten, und ich
gehöre zu dieser Art von (systematischen) Philosophen (auch
wenn die heutige Zeit mehr von essayistischer als von systematischer Philosophie hält – aber manchmal ist gerade die weniger
populäre Philosophie die interessantere [so war es zumindest
mit allen neuen, grossen Einsichten]). So viel zu meiner Syste-

matik vom (Da-) Sein, welche ich in meinem ersten Buch begründet habe und kurz auch zur Ethik und den anderen philosophischen Bereichen.

Ich sehe meine Philosophie auch in einer aristotelisch-augustinisch-kantischen Tradition. Das tönt im ersten Moment vielleicht etwas abgehoben und gesucht, ist dies aber überhaupt nicht. Die drei genannten Philosophen sind für mich die grössten Denker des Abendlandes – eine Art Triumvirat des Westens (wie dies Buddha, Laotse und Konfuzius für den Osten sind). Man fragt sich in der westlichen Philosophie ja immer, wie man diese überhaupt noch in die heutige Zeit herübernehmen soll – so umfangreich ist das Ganze bis hierhin schon. Der erste Schritt dazu liegt sicherlich darin, ein paar Grundpfeiler einzusetzen. Mein System ist aber nicht dreifaltig, sondern fünffaltig (in einer Erweiterung der Dreieinheit quasi). Wenn ich den Dimensionen meines Systems je einen Philosophen zuordne, komme ich auf folgende Zuordnung: Sein – Aristoteles, Leben – Jesus Christus (vom lebendigen Gott), Glauben – Augustinus, Denken – Descartes, Handeln – Kant (und natürlich auch über diesen hinausgehend: Kant ist für mich quasi der Grundpfeiler der Moderne). Das zeigt, dass die ganze Philosophie in meinem System enthalten ist, mit diesen Grundpfeilern, und mit allem, was auch dazwischen (und davor und danach) besteht.

Ich möchte am Ende noch kurz auf den Titel des Buches zurückkommen, welcher ja an Aristoteles angelehnt ist, obwohl ich im Text gar nicht so oft spezifisch auf diesen verwiesen habe. Daher hier noch ein kurzer Kommentar zu drei politischen Hauptthesen von Aristoteles. 1. Aristoteles behauptet, die Polis sei der Naturzustand. Dem stimme ich zu, und ich meine, dass man dies sogar bei Naturvölkern sieht. 2. Aristoteles behauptet, dass die Politie die beste Regierungsform sei. Diesen Punkt habe ich behandelt, und dem habe ich beigepflichtet. 3. Aristoteles behauptet, Nichtbürger seien aus der Politik ausgeschlossen. Dem habe ich widersprochen; und dieser Widerspruch scheint mir stark zeitgebunden zu sein. Es ist – wie gesagt – der Unterschied zwischen dem Begriff vom Volk und jenem von der Bevölkerung. Ich würde sagen, die Politik sollte alle Individuen umfassen, welche sie auch direkt betrifft – das scheint mir eine moderne Auffassung in einer zunehmend globalisierten Welt zu sein, wogegen jene von Aristoteles in diese Punkt etwas antik oder auch mittelalterlich erscheint. Jedoch: Aristoteles sagte selber, dass die beste Form der Politik eine ist zwischen einer Demokratie und einer Oligarchie, d.h. zwischen dem Volk oder der Bevölkerung und der Elite bzw. zwischen allen und den Führenden (es erstaunt daher, dass er selber die Fremden in der Allheit nicht aufgenommen hat, aber vielleicht erschien ihm dieser Punkt ganz einfach zu wenig wichtig, als dass er sich damit gegen die damals allgemeine Vorstellung gewendet hätte).

Nachwort

Dies ist – wie schon eingangs gesagt – eine sehr schwierige, aber auch eine notwendige Publikation. Ich schreibe nicht nur Publikationen zur reinen Philosophie, sondern: ich dokumentiere auch mein Leben – und die Politik gehörte in dieser Phase sehr bedeutend dazu. In der Philosophie ist es zwar üblich, die Sache (also: die Philosophie) und die Person voneinander zu trennen, ich will aber nicht das tun, was üblich ist, sondern, was sich anhand meiner Geschichte anbietet: ich kann meine Person nicht von meiner Philosophie trennen, weil beides sehr eng miteinander zusammenhängt. Natürlich stelle ich damit auch allgemein die Frage, ob die heutige Philosophie nicht zu unpersonal ist. Dies muss aber jeder Philosoph für sich selber entscheiden. Die Philosophie ist auf jeden Fall keine exakte Naturwissenschaft, auch wenn manche sie dazu machen möchten. Sie ist etwas zwischen Kunst und Wissenschaft (als Natur- wie Geisteswissenschaft). Die Person spielt meiner Meinung nach eine Rolle in der Philosophie, auch wenn wir uns noch so viel Mühe geben, um eine möglichst grosse Unvoreingenommenheit und Ausgewogenheit zu erreichen. Ich möchte dieses Nachwort auch nutzen, um die letzten Entwicklungen in der Schweizer Politik und Weltpolitik dieser Zeit zu kommentieren und damit den schwierigen Ausgang aus dieser Schrift zu wagen, während die Realität der Politik natürlich weitergeht. Ich habe mit dieser Schrift bewusst eine grosse Nähe zur Realpolitik dieser Zeit gesucht, stärker als dies in einer rein philosophischen Betrachtung normalerweise der Fall ist, was eben in meiner persönlichen Ausgangslage zu diesem Thema gegeben ist. Ich möchte mich aber auch allgemein nicht der reinen Philosophie verpflichten, sondern ich sehe fünf Bereiche der Beschäftigung des Menschen mit der Welt: Ich & Alltag (1), Religion & Esoterik (2), Philosophie & Kunst (3), Wissenschaft & Wirtschaft (4), Politik & Polizei/Militär (bzw. Volksherrschaft und Staatsgewalt, 5).

In der Schweiz gab zuletzt die Durchsetzungsinitiative der SVP zu reden, mit welcher diese ihre eigene Masseneinwanderungsinitiative durchsetzen wollte. Die Durchsetzung wurde abgelehnt – nicht zuletzt aufgrund einer neuen Bewegung der Zivilgesellschaft, wie dazu gesagt wurde, welche vorab über die sozialen Medien im Web stattgefunden hat. Ist dies ein neuer Weg der Politik? Solche (Zivil-) Bewegungen sind in allen Ehren zu halten, zumal diese hier ja auch etwas gebracht hat zur Bekämpfung einer fragwürdigen Initiative, die gar als Gefahr für den Rechtsstaat betrachtet wurde. Aber: man muss dazu auch sagen, dass ausserparteiliches Engagements nicht unbedingt förderlich ist oder sogar hinderlich sein kann für das parteipolitische System. Das zeigen verschiedene Beispiele – ich habe sie bereits angesprochen: etwa die AUNS und die GSoA in den 1980-er Jahren, oder auch die grünen Umweltorganisationen, welche derzeit den politischen Erfolg der Grünen zu gefährden scheinen. Obwohl ich denke, dass gerade im Web solche Einzel- und Gruppenengagements bedeutender werden könnten, denke ich nicht, dass sie gegen das Parteiensystem eine Chance haben, weil die alten Parteien zwar grosse Mühe haben, sich adäquat zu erneuern, demgegenüber aber viel stabiler sind als kurz- und mittelfristig begründete Aktionen. Die Jungen werden weiterhin kritisch bleiben gegenüber den alten Parteien, und diese werden sich grosse Mühe geben müssen, die Jungen besser miteinzubeziehen. Für neue Bewegungen wird es aber schwierig bleiben, in die Phalanx der grossen Parteien einzubrechen (es sie denn, diese würden zu viele Fehler in ihrer eigenen Entwicklung machen, was durchaus auch möglich ist, denn sie stehen auch vor schwierigen Herausforderungen). Vielleicht ist ein anhaltender und längerer Status Quo zu erwarten – evtl. auch in einem Zwei- oder Drei-Parteiensystem (d.h. mit oder ohne grösserer Mittekraft). Mit den Parteien ist es vermutlich ähnlich, wie mit vielem in dieser ambivalenten heutigen Zeit – die Leute sind zunehmend kritisch, aber sie überlegen sich nicht, ob es überhaupt gute Alternativen gibt, oder: ob man sich nicht vielleicht an etwas gewöhnen müsste, was halt nicht ganz so perfekt ist, wie man es sich in den allerletzten Träumen vorstellt, aber immerhin doch gut genug, um die schwierigen Herausforderungen der Realität zu meistern. Es gibt aber durchaus Gründe, warum man keiner der bestehenden Parteien beitreten möchte. Ich kann nur für mich sprechen, und sehe etwa diese Gründe: die Gottlosigkeit und die Wirtschaftsschwäche bei den Linken, die Unsozialität und die Kriegslustigkeit bei den Rechten sowie die Farblosigkeit und die Labilität in der Mitte. Vielleicht könnten die Parteien an diesen Punkten ja auch ein bisschen arbeiten. Die politische Zukunft wird auf jeden Fall medien- und ereignisabhängiger und weniger parteigebunden sein. Statt den Parteien ganz den Rücken zu kehren, könnte man übrigens, wie ich das vorschlagen würde, zu einem Systemwähler werden, d.h. man wählt unabhängig: je so, dass das System insgesamt im bestmöglichen Gleichgewicht bleibt.

Ein weiteres neues Phänomen der aktuellsten Gegenwart ist das Aufkommen der Alternative für Deutschland AfD im nördlichen Nachbarland. Diese rechtspopulistische Partei ist in Deutschland erst eigentlich aufgekommen, nachdem es solche Bewegungen in allen anderen europäischen Ländern schon gegeben hat (insbesondere etwa der Front National in Frankreich und UKIP in England, aber natürlich auch die SVP in der Schweiz – in Russland, der Türkei und Ungarn gibt es heute sogar bereits Regierungsformen, welche an rechtspopulistische Alleinherrschaften erinnern, während man in Italien bereits eine linke Reaktion auf die rechtspopulistische Berlusconi-Zeit sieht). Dass die Deutschen damit später dran waren als andere europäische Länder, erstaunt aufgrund der Geschichte dieses Landes eigentlich nicht. Ein Vertreter der AfD meinte nach den erfolgreichen Regionalwahlen im März 2016 – angesprochen auf die Einstellungen und Lösungen der Partei – dass die AfD v.a. zuerst einmal kritisiere. Damit will diese Partei – ebenso wie ähnliche solche Parteien – offenbar sogar mehrheitsfähig werden. Bedeutende Erfolge von reinen Protestparteien sind natürlich etwas ganz Neues in dieser Zeit. Tatsächlich haben die Rechtspopulisten ein ähnlich schwammiges Weltbild wie die Grünen auf der anderen politischen Seite (dies ist ein Hinweis dafür, dass es [auch] in der Politik derzeit keine neuen Weltbilder gibt, und ein Grund mehr dafür, ein ontologisches Weltbild zu erheben). Letztlich geht es bei der zunehmenden Links-/Rechtspolarität um den politischen Streit zwischen Freiheit, Individuum und Eigentum versus Solidarität (und Organisation!). Ich stehe eigentlich bei diesem Streit in der Mitte (und gegen die Extreme), indessen: während meinem politischen Engagement begleitete mich (in meinen Internettexten) eine immer wiederkehrende Wut gegen die SVP und deren Art und Weise des Politisierens, wie sie es in dieser Zeit praktiziert. Die SVP stand in den frühen 1990-er Jahren ja auch ganz am Anfang des aufkommenden Rechtspopulismus in Europa, noch bevor Berlusconi 1994 Ministerpräsident in Italien wurde, welcher international allgemein als Begründer dieses Phänomens gilt. Als Stichdatum für die rechtspopulistische Wende in der Schweiz gelten die EWR-Abstimmung 1992 sowie später auch die EU-Beitrittsgesuchsabstimmung 2001 (bzw. das Nein zum "Ja zu Europa"). Le Pen in Frankreich – bereits in den 1970-er Jahren (wie in der Schweiz damals auch Schwarzenbach) – zähle ich nicht dazu, weil dieser mit seinem alten Front National – vor dem Auftritt seiner etwas moderateren Tochter – nie eine Chance hatte, zu einer breitanerkannten Bewegung zu werden. Das waren eben anfangs kleine Randgruppen, die nun plötzlich einen unerwarteten Aufschwung erzielen (v.a. dank der aktuellen Flüchtlingsproblematik). Die Schweizer hatten also wieder einmal das feinste politische Näschen, sozusagen. Die Frage ist, ob wir an den Folgen denn auch wirklich Freude haben können. Europa ist in der Krise, in einer vorab moralischen Krise (denn die ökonomische Krise ist die Folge einer moralischen Krise und hat wiederum eine politische Krise zur Folge), und in der Krise werden die Lautesten am Ehesten gehört. Unverständlich ist eigentlich, dass die Schweizer Politik ohne irgendeine ersichtliche Krisenlage dieses Phänomen begründet hat. Die Schweiz lebt nachwievor im besten Wohlstand und wird vermutlich auch von dieser Krise in Europa wieder profitieren (zum dritten Mal in Folge). Und viele werden wieder sagen die Schweizer seien die Besten – v.a. wirtschaftlich gesehen. Es gibt wohl verschiedene Gründe für den Schweizer Erfolg dieser Zeit – dazu gehören tiefe Steuern, starke Banken und gute Infrastruktur (inkl. Forschung und Entwicklung), sicher auch beachtliche Arbeitsleistungen, aber auch sehr viel geschichtspolitisches Glück. Faktum ist aber auch dies: die Alte (oder: veraltete) Eidgenossenschaft wurde von Napoleon Bonaparte seinerzeit quasi ausgelöscht, und der mo-derne Bundesstaat hat seine politischen Altlasten nicht adäquat aufgearbeitet, und er hat ferner aktuell grosse Probleme in seiner politischen Ausrichtung für die Zukunft. Das grösste heutige Problem der Schweiz liegt darin, dass sie (relativ gesehen) ein ökonomisches Schwergewicht, politisch aber nur ein (auch zunehmend isoliertes) Leichtgewicht ist (und: in der mittelfristigen Zukunft werden die Dinge wieder politischer werden, wie die aktuelle Problemlage, gerade auch in Europa, deutlich zeigt). Die Schweiz muss sich über ihre Politik der Zukunft klarer werden (derzeit sieht man nur eine ständig wachsende Links-/ Rechts-Polarisierung und nichts als Streitigkeiten).

Die Schweiz baut derzeit auf das reine Prinzip Hoffnung. Wir haben immer noch die Hoffnung, dass das gut kommt, was die da machen in der Politik und auch bei den Medien (immerhin sind vor ein paar Jahren fast die schweizerischen Banken eingestürzt, was sich vermutlich etwa so anfühlte, wie zu jener Zeit, als die Kelten befürchteten, ihnen würde eines Tages der Himmel auf den Kopf fallen: wahre ökonomische und politische Stabilität sieht jedenfalls anders aus). Beides – die Politik wie die Medien – sind in den fünf Jahren, in welchen ich die Politik intensiv mitverfolgt habe (Ende 2010 bis Anfang 2016), nicht besser, sondern schlechter geworden (und dasselbe muss man leider auch von der Wirtschaft sagen). Noch immer gibt es auch sehr viel Gestürm in der Politik und sehr wenig Wissenschaft. Ich halte dem entgegen: "Politik ist auf die Gesellschaft übertragene Wissenschaft [der Gesellschaft, also: Soziologie!, Anm. M.H.] und Kunst der Ethik." (Ignaz Paul Vitalis Troxler [1780-1866]). Die Schweizer sollten es eigentlich schon wissen, aber sie wissen es nicht, weil sie ihre Philosophen nicht zur Kenntnis nehmen. Der Satz von Troxler ist – was man (heute) dazu sagen muss – natürlich nicht gegen die Demokratie gerichtet, sondern: die Wissenschaft gibt nur eine Vorgabe (oder eine Hilfe), an welche sich das Volk nicht zwingend halten muss (bzw. es ist in der Demokratie immer frei, demokratisch zu entscheiden).

Drei Dinge möchte ich noch einmal herausheben: 1. Die Ethik des Mittelmasses, 2. Die Brüderlichkeit als Verwandtschaft in der Gesellschaft, 3. Die Wissenschaft der Soziologie und die Reformierung der Schule. In der Ethik ist die oberste Ebene etwas zu gross und die unterste etwas zu klein, daher scheint die mittlere Ebene jene zu sein, welche uns am Meisten betrifft: in unserem persönlichen Verständnis durch die Ethik des Mittelmasses, in unserem politischen Verständnis durch die bürgerlichen Werte (von denen übrigens der sozialistische Philosoph Ernst Bloch meinte, dass sie auch vom Sozialismus geteilt werden und auch einem eigentlichen Sozialbild entsprechen würden [gemeint ist die sinnvolle Übereinkunft der drei verschiedenen Werte der Freiheit, der Gleichheit und der Brüderlichkeit]). Die Werte der Gleichheit und der Brüderlichkeit bedeuten übrigens nicht das Selbe, wie einige vielleicht meinen. Denn Brüderlichkeit bedeutet nicht Gleichheit, sondern familiäre Verwandtschaft (und in einer solchen sind Differenzen und sogar Hierarchien miteingeschlossen, trotz einem grösseren Wohlwollen auch). Die Brüderlichkeit bzw. die Verwandtschaft ist vielleicht sogar das grösste Problem der Gesellschaften der Zukunft: nur wenn diese in irgendeiner (religiösen?!) Form wieder hergestellt werden kann, haben die heutigen Gesellschaften eine Überlebenschance. Zum dritten Punkt: Ich glaube, dass nur eine bessere Wissenschaft der Soziologie die sozialen Fortschritte des 20. Jahrhunderts dauerhaft wird erhalten können, und dass wir ohne eine solche befürchten müssen, dass die Menschheit schlimme soziale Rückschritte machen wird. Und schliesslich glaube ich, dass die Schule jener Ort ist, an dem wir primär die Gesellschaft zum Guten verändern können, wenn wir das wollen (und wenn wir die Bildung und Einstellung allgemein verbessern wollen, dann müssen wir auch die Medien[-bildung] verbessern).

Zu meinem Beitrag kann ich allgemein sagen: die Politik muss die Ansichten eines Philosophen nicht teilen, aber sie kann diese bedenken. Ich bin so oder so guter Hoffnung, dass die Schweizer mit ihrem feinen politischen Gespür die aktuellen Probleme – trotz allen Streits und Gestürms – bewältigen können, aber ganz sicher ist das auch wiederum nicht, denn vielleicht haben die Schweizer in der Zukunft nicht immer so viel Glück, wie sie es in der Vergangenheit oft hatten, und wenn man sich manchem Problem etwas bewusster wäre, so wäre das vielleicht auch nicht so schlecht. Es könnte sein, dass dies letztlich sogar das Hauptsächliche ist, was die Philosophie (in den Spezialgebieten und Einzelwissenschaften) überhaupt ausrichten kann: etwas mehr Bewusstsein.

Müde, d.h. etwas ermüdet von meinem Rückzug der letzten Jahre in die grosse geschichtliche Fülle der Welt-Philosophie und in die schwierige Ambivalenz der Schweizer Politik dieser Zeit, beende ich dieses Buch mit diesem Satz.